Grundschul-wörterbuch
Französisch

Langenscheidt

Autorin: Karen Richardson
Adaptierung für die französische Ausgabe: Christiane Bernier Dechamps
Zeichnungen: Hans-Jürgen Feldhaus

Umwelthinweis: Gedruckt auf chlorfrei gebleichtem Papier
Titelgestaltung: Independent Medien-Design unter Verwendung
von Zeichnungen von Hans-Jürgen Feldhaus

www.langenscheidt.de

2. 3. 4. 5. 6. 7. • 11 10 09 08 07 06

Einleitung

Liebe Schülerin, lieber Schüler,

Französisch lernen – mit deinem neuen Grundschulwörterbuch Französisch ist das ganz einfach! Und so kann das Grundschulwörterbuch dir beim Lernen helfen:
Such dir zunächst aus den 20 verschiedenen Themen eins heraus und schau dir dazu in Ruhe das Wimmelbild an. Hier kannst du schon viele interessante Sachen entdecken und zu einigen bereits die französische Bezeichnung.
Lies dann die einzelnen französischen Wörter zu diesem Themenbereich mit der deutschen Übersetzung. Versuch, dir das französische Wort zu merken. Das kleine Bild neben dem Wort hilft dir sicher dabei.
Der Beispielsatz zeigt dir dann, wie man das französische Wort richtig anwendet. Wenn du den Satz nicht gleich verstehst, so schau dir noch mal das große Bild an. Hier findest du alles wieder, was mit den Sätzen ausgedrückt wird. Noch mehr Informationen gibt es manchmal in kleinen Kästchen, die z.B. Wochentage und Monate oder wichtige Fragen und Antworten enthalten. Im Kapitel Schule stehen im Kästchen Arbeitsanweisungen, die du im Unterricht sicher oft hören wirst.
Wenn du nicht weißt, zu welchem Thema ein Wort gehört, kannst du es im Verzeichnis am Ende des Buches schnell nachschlagen. Hier findest du auch die Lautschrift zu den französischen Wörtern, damit du weißt, wie du sie richtig aussprechen musst.

Und nun wünschen wir dir viel Spaß beim Französischlernen.

Autorin und Verlag

Inhaltsverzeichnis

Ma famille et mes amis

la grand-mère

le grand-père

l'ami

le père

la tortue

la fille

la barbe

la mère

les lunettes

le chien

le chat

le bébé

le garçon

l'allemand (m) Deutsch
  Tu parles allemand ?
  Sprichst du Deutsch?

_____

l'ami (m), **l'amie** (f)
der Freund, die Freundin
  Le chat est le
  meilleur ami du bébé.
  Die Katze ist der
  beste Freund des Babys.

_____

aussi auch
  Le chat habite aussi
  à la ferme.
  Die Katze lebt auch
  auf dem Bauernhof.

_____

avoir haben
  Vous avez des enfants ?
  Haben Sie Kinder?

_____

la barbe der Bart
  L'homme a une barbe.
  Der Mann hat einen
  Bart.

_____

le bébé das Baby
  Le bébé est petit.
  Das Baby ist klein.

bien gut
  Ça va bien, merci.
  Mir geht's gut, danke.

_____

bonjour guten Tag
  Bonjour !
  Je m'appelle Agnès.
  Guten Tag.
  Ich heiße Agnès.

_____

c'est das ist
  C'est bien !
  Das ist gut.

_____

ça das
  Ça, c'est Marguerite.
  Das ist Marguerite.

_____

le chat die Katze
  Le bébé aime
  le chat.
  Das Baby mag
  die Katze.

_____

le chien der Hund
  Mon chien s'appelle
  Toufou.
  Mein Hund heißt Toufou.

le cousin, **la cousine**
der Cousin, die Cousine
    Le bébé est mon cousin.
    Das Baby ist mein Cousin.

_____

l'enfant (m/f) das Kind
    Tante Colette a
    un enfant.
    Tante Colette hat
    ein Kind.

_____

est ist
    Le bébé est mignon.
    Das Baby ist süß.

_____

être sein
    C'est amusant d'être
    un enfant.
    Es macht Spaß,
    ein Kind zu sein.

_____

la famille die Familie
    Ça, c'est
    ma famille.
    Das ist
    meine Familie.

la femme die Frau, die Ehefrau
    Maman est
    une femme.
    Mama ist
    eine Frau.

    Tante Colette est
    la femme d'Oncle
    Jean-Pierre.
    Tante Colette ist
    Onkel Jean-Pierres Frau.

_____

la fille die Tochter, das Mädchen
    Ma maman
    a deux filles.
    Meine Mama
    hat zwei Töchter.

    Je suis une fille et
    Alain est un garçon.
    Ich bin ein Mädchen
    und Alain ist ein Junge.

_____

le fils der Sohn
    Le bébé est le fils
    de Tante Colette.
    Das Baby ist Tante
    Colettes Sohn.

_____

le français Französisch
    On parle français.
    Wir sprechen Französisch.

Ma famille et mes amis

la France Frankreich
On habite en France.
Wir wohnen
in Frankreich.

le frère der Bruder
Alain est mon frère.
Alain ist mein Bruder.

le garçon
der Junge
Bist du ein
Junge oder
ein Mädchen?

Tu es un garçon
ou une fille ?

gentil, gentille nett
Toufou est gentil.
Toufou ist nett.

la grand-mère die Großmutter
**J'appelle ma
grand-mère Mamie.**
Ich nenne meine
Großmutter Oma.

le grand-père der Großvater
**J'appelle mon
grand-père Papi.**
Ich nenne meinen
Großvater Opa.

les grands-parents (m)
die Großeltern
**Papi et Mamie
sont mes
grands-parents.**
Opa und Oma
sind meine
Großeltern.

grimper klettern
**Alain aime
grimper à l'arbre.**
Alain klettert gern
auf einen Baum.

l'homme (m) der Mann
Papa est un homme.
Papa ist ein Mann.

les jumeaux (m),
les jumelles (f)
die Zwillinge
**Alain et Agnès
sont jumeaux.**
Alain und Agnès
sind Zwillinge.

lire lesen
Maman adore lire.
Mama liest gern.

les lunettes (f) die Brille
  **Papi porte
  des lunettes.**
  Opa trägt eine Brille.

mignon, mignonne
niedlich, süß
  Tigris est mignon.
  Tigris ist süß.

---

la maman Mama
  Ça, c'est ma maman.
  Das ist meine Mama.

---

mon, ma mein(e)
  **Mon frère et ma
  sœur ont neuf ans.**
  Mein Bruder und meine
  Schwester sind neun.

---

le mari der Ehemann
  **Papa est le
  mari de Maman.**
  Papa ist Mamas
  Ehemann.

---

le nom der Name
  **Salut ! Mon nom
  est Catherine.**
  Hallo, mein Name
  ist Catherine.

---

meilleur, meilleure
bester, beste
  Qui est ton meilleur ami ?
  Wer ist dein bester Freund?

---

l'oncle (m) der Onkel
  **Oncle Jean-Pierre
  est le frère de Papa.**
  Onkel Jean-Pierre
  ist Papas Bruder.

---

la mère die Mutter
  **Mamie est la mère
  de Papa.**
  Oma ist Papas Mutter.

---

le papa Papa
  Ça, c'est mon papa.
  Das ist mein Papa.

mes meine
  **Mes grands-parents
  aiment danser.**
  Meine Großeltern
  tanzen gern.

les parents (m) die Eltern
**Maman et Papa
sont nos parents.**
Mama und Papa
sind unsere Eltern.

s'appeler heißen
**Le chat de la ferme
s'appelle Tigris.**
Die Katze vom
Bauernhof heißt Tigris.

parler sprechen
Tu parles aussi français ?
Sprichst du auch Französisch?

salut hallo
Salut ! Je suis Alain.
Hallo, ich bin Alain.

le père der Vater
**Papi est le père
de Papa.**
Opa ist Papas
Vater.

la sœur die Schwester
Agnès est ma sœur.
Agnès ist meine
Schwester.

la photo das Foto
**Ça, c'est ma
photo préférée.**
Dies ist mein
Lieblingsfoto.

sont sind
**Chantal et François
sont mes meilleurs amis.**
Chantal und François
sind meine besten Freunde.

le pilote der Pilot
Mon papa est pilote.
Mein Papa ist Pilot.

suis bin
Je suis une fille.
Ich bin ein Mädchen.

la tante die Tante
  **Tante Colette est
  la femme d'Oncle
  Jean-Pierre.**
  Tante Colette ist
  Onkel Jean-Pierres Frau.

l'uniforme (m)
die Uniform
  **Papa porte son
  uniforme de pilote.**
  Papa trägt seine
  Pilotenuniform.

la tortue die Schildkröte
  **La tortue s'appelle
  Madame Pavite.**
  Die Schildkröte
  heißt Madame Pavite.

venir de kommen aus
  Je viens de France.
  Ich komme aus Frankreich.

Questions et réponses	Fragen und Antworten
D'où viens-tu ? Woher kommst du?	**Je viens de France.** Ich komme aus Frankreich.
Comment tu t'appelles ? Wie heißt du?	**Je m'appelle Catherine.** Ich heiße Catherine.
Où habites-tu ? Wo wohnst du?	**J'habite à Paris.** Ich wohne in Paris.
Quel âge as-tu ? Wie alt bist du?	**J'ai onze ans.** Ich bin elf.
Tu as un frère ? Hast du einen Bruder?	**Oui, j'ai un frère et une sœur.** Ja, ich habe einen Bruder und eine Schwester.
Tu as un chat ? Hast du eine Katze?	**Non, j'ai un chien.** Nein, ich habe einen Hund.
Comment ça va ? Wie geht es dir?	**Ça va bien, merci.** Mir geht's gut, danke.

l'écureuil

la balançoire

À la maison

l'échelle

la télé

le fauteuil

le rideau

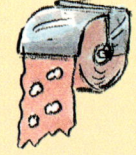

le papier toilette

l'araignée

la chaise longue

l'abeille

la cheminée

la mangeoire

la brosse

le shampoing

le robinet

le savon

la rose

l'herbe

la clé

à la maison zu Hause
  **Tout le monde est
  à la maison aujourd'hui.**
  Heute sind alle zu Hause.

———————

l'abeille (f) die Biene
  **L'abeille adore
  les roses.**
  Die Biene liebt Rosen.

———————

l'adresse (f) die Adresse
  Quelle est ton adresse ?
  Wie ist deine Adresse?

———————

l'appartement (m) die Wohnung
  **Tu habites une
  maison ou un
  appartement ?**
  Wohnst du in einem
  Haus oder in einer
  Wohnung?

———————

l'araignée (f) die Spinne
  **L'araignée est
  dans la baignoire.**
  Die Spinne ist
  in der Badewanne.

l'arbre (m) der Baum
  **Le grand arbre
  dans le jardin
  est très vieux.**
  Der große Baum im
  Garten ist sehr alt.

———————

la baignoire die Badewanne
  **Le canard jaune
  est assis sur
  la baignoire.**
  Die gelbe Ente
  sitzt auf der Badewanne.

———————

la balançoire die Schaukel
  **Qui est sur la
  balançoire ?**
  Wer ist auf
  der Schaukel?

———————

le balcon der Balkon
  **Ma prof a beaucoup
  de fleurs sur son
  balcon.**
  Meine Lehrerin hat
  viele Blumen auf ihrem
  Balkon.

———————

la brosse die Haarbürste
  Où est ma brosse ?
  Wo ist meine Haarbürste?

la campagne
das Land, die Landschaft

Tante Colette et Oncle Jean-Pierre habitent à la campagne.
Tante Colette und Onkel Jean-Pierre wohnen auf dem Land.

le canapé das Sofa
Maman aime lire sur le canapé.
Mama liest gern auf dem Sofa.

la cave der Keller
Toufou n'aime pas la cave.
Toufou mag den Keller nicht.

la chaise longue der Liegestuhl
Maman lit souvent sur sa chaise longue.
Mama liest oft im Liegestuhl.

la chambre das Schlafzimmer
Je suis dans ma chambre.
Ich bin in meinem Schlafzimmer.

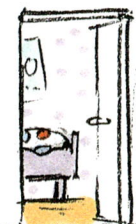

la cheminée der Schornstein
L'oiseau est assis sur la cheminée.
Der Vogel sitzt auf dem Schornstein.

chercher suchen
Toufou cherche son os.
Toufou sucht seinen Knochen.

la clé der Schlüssel
Papa cherche sa clé.
Papa sucht seinen Schlüssel.

la cuisine die Küche
La souris est dans la cuisine et cherche du fromage.
Die Maus ist in der Küche und sucht nach Käse.

la douche die Dusche
**Papa aime prendre
une douche très
chaude le matin.**
Papa liebt es, morgens
ganz heiß zu duschen.

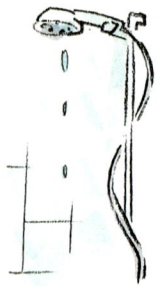

l'entrée (f) der Flur
**Les parapluies
sont dans l'entrée.**
Die Regenschirme
sind im Flur.

l'échelle (f) die Leiter
**L'échelle est aussi
dans le garage.**
Die Leiter ist auch
in der Garage.

l'escalier (m) die Treppe
**Ne tombe pas
dans l'escalier !**
Fall nicht die
Treppe runter!

l'écureuil (m) das Eichhörnchen
**L'écureuil est
furieux contre Alain.**
Das Eichhörnchen
ist wütend auf Alain.

le fauteuil der Sessel
**Toufou aime dormir
sur le fauteuil.**
Toufou schläft gern
auf dem Sessel.

en bas unten
**Mamie et Papi
sont en bas.**
Oma und Opa
sind unten.

la fleur die Blume
**Il y a beaucoup de
fleurs dans le jardin.**
Es gibt viele Blumen
im Garten.

en haut oben
**Ma chambre
est en haut.**
Mein Zimmer
ist oben.

le garage die Garage
**La voiture et les
vélos sont dans
le garage.**
Das Auto und die
Fahrräder sind in
der Garage.

le grenier der Dachboden
**Maman cherche un
livre dans le grenier.**
Mama sucht ein Buch
auf dem Dachboden.

le lavabo das Waschbecken
**Il y a beaucoup d'eau
dans le lavabo.**
Da ist viel Wasser
im Waschbecken.

habiter wohnen, leben
**Tu habites une maison
ou un appartement ?**
Wohnst du in einem
Haus oder in einer Wohnung?

la maison das Haus
**On habite une
maison rouge.**
Wir wohnen in
einem roten Haus.

l'herbe (f) das Gras
**Toufou n'aime pas s'asseoir
dans l'herbe mouillée.**
Toufou sitzt nicht gern
im nassen
Gras.

la mangeoire
das Futterhäuschen
**Tu vois l'oiseau dans
la mangeoire ?**
Siehst du den Vogel
im Futterhäuschen?

il y a es gibt
**Il y a beaucoup de
belles roses rouges.**
Es gibt viele schöne
rote Rosen.

le papier toilette
das Toilettenpapier
**Où est le
papier toilette ?**
Wo ist das
Toilettenpapier?

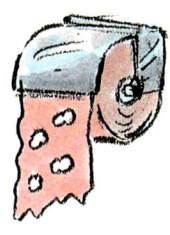

le jardin der Garten
**Les jumeaux jouent
dans le jardin.**
Die Zwillinge
spielen im Garten.

la parabole die Satellitenschüssel
**Il y a une parabole
sur le toit.**
Auf dem Dach ist
eine Satellitenschüssel.

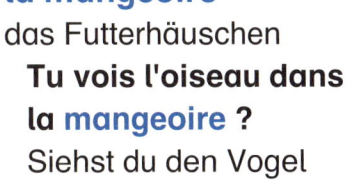

la porte d'entrée die Haustür
Qui est à la porte d'entrée ?
Wer ist an der Haustür?

_____

la porte die Tür
La porte de notre maison est bleue.
Die Tür von unserem Haus ist blau.

_____

pouvoir können
Je peux vous aider ?
Kann ich euch helfen?

_____

le rideau der Vorhang
Qui se cache derrière le rideau ?
Wer versteckt sich hinter dem Vorhang?

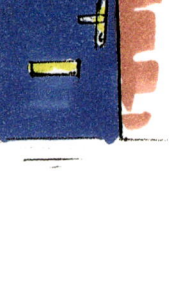

_____

le robinet der Wasserhahn
Le robinet d'eau froide est bleu et le robinet d'eau chaude est rouge.
Der Kaltwasserhahn ist blau, der Warmwasserhahn ist rot.

la rose die Rose
Les roses rouges sont les fleurs préférées de Maman.
Rote Rosen sind Mamas Lieblingsblumen.

_____

la salle à manger
das Esszimmer
Le soir, nos voisins mangent dans leur salle à manger.
Unsere Nachbarn essen in ihrem Esszimmer zu Abend.

_____

la salle de bains
das Badezimmer
Qui est dans la salle de bains ?
Wer ist im Badezimmer?

_____

la salle de séjour
das Wohnzimmer
Papi et Mamie dansent dans la salle de séjour.
Opa und Oma tanzen im Wohnzimmer.

le savon die Seife
    **Alain n'aime pas
le savon.**
Alain mag keine Seife.

la serviette das Handtuch
    **Les serviettes sont
à côté du lavabo.**
Die Handtücher
sind neben dem
Waschbecken.

le shampoing das Shampoo
    **Je me lave les cheveux avec
le shampoing vert.**
Ich wasche meine
Haare mit dem grünen
Shampoo.

le tapis der Teppich
    **J'aime le tapis
dans l'entrée.**
Ich mag den
Teppich im Flur.

la télé (télévision)
das Fernsehen
    **Qu'est-ce qu'il y a
à la télé ?**
Was gibt es
im Fernsehen?

le téléphone das Telefon
    **Le téléphone est
sur une petite table
dans l'entrée.**
Das Telefon steht
auf einem kleinen Tisch im Flur.

les toilettes die Toilette
    **Toufou ! Ne bois pas
l'eau des toilettes !**
Toufou! Nicht aus
der Toilette trinken.

le toit das Dach
    **Il y a une cheminée
sur le toit.**
Es gibt einen
Schornstein auf dem Dach.

tout le monde alle
    Tout le monde est heureux.
Alle sind glücklich.

le voisin, la voisine
der Nachbar, die Nachbarin
    **Aïcha et Ahmed
sont nos voisins.**
Aïcha und Ahmed
sind unsere
Nachbarn.

Ma chambre et mes jouets

la poupée

la raquette
de tennis

le ballon

la BD

la boîte

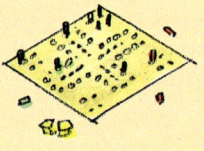

le jeu

le clavier

le poster

la lampe

le portable

la chaise

les dés

le radio-réveil

la tirelire

le dinosaure

23

à côté (de) neben
**Le ballon est à côté
de la raquette de tennis.**
Der Ball ist neben
dem Tennisschläger.

---

la balle de tennis der Tennisball
**De quelle couleur sont
les balles de tennis ?**
Welche Farbe haben
die Tennisbälle?

---

le ballon der Ball
**Pourquoi le ballon
d'Alain est dans ma
chambre ?**
Warum ist Alains Ball
in meinem Zimmer?

---

la BD (bande dessinée)
das Comicheft
**J'aime lire des BD
au lit.**
Ich lese gern
Comichefte im Bett.

---

la boîte die Schachtel
**Il y a combien de
boîtes sur l'étagère ?**
Wie viele Schachteln
sind auf dem Regal?

le bureau der Schreibtisch
**Je fais mes devoirs
à mon bureau.**
Ich mache meine
Hausaufgaben an
meinem Schreibtisch.

---

casser kaputtmachen
**Attention, ne casse
pas la tirelire !**
Sei vorsichtig! Mach das
Sparschwein nicht kaputt.

---

la cassette die Kassette
**Mes cassettes sont
sur l'étagère.**
Meine Kassetten
sind auf dem Regal.

---

le CD die CD
**Ça, c'est mon
CD préféré.**
Dies ist meine Lieblings-CD.

---

la chaise der Stuhl
**Tu aimes ma
chaise bleue ?**
Magst du meinen
blauen Stuhl?

la chambre das Zimmer
J'adore ma chambre !
Ich liebe mein Zimmer.

_____

chez zu, bei
**Je vais souvent jouer
chez Chantal et François.**
Ich gehe oft zum Spielen
zu Chantal und François.

_____

le clavier die Tastatur
**Le clavier de l'ordinateur
est sur mon bureau.**
Die Computertastatur
ist auf meinem Schreibtisch.

_____

les dés (m) die Würfel
Lance les dés !
Würfle.

_____

le dinosaure der Dinosaurier
**Rex, le dinosaure,
est sur mon
ordinateur.**
Rex, der Dinosaurier,
ist auf meinem
Computer.

l'étagère (f) das Regal
**Il y a beaucoup de
livres sur l'étagère.**
Auf dem Regal sind
viele Bücher.

_____

être assis, **être assise** sitzen
**Toufou est assis
dans son panier.**
Toufou sitzt in
seinem Körbchen.

_____

la fenêtre das Fenster
**Mon bureau est
devant la fenêtre.**
Mein Schreibtisch
steht vor dem Fenster.

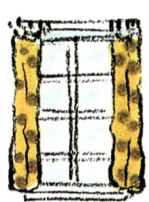

_____

le jeu das Spiel
**Je joue à un jeu avec
Chantal et François.**
Ich spiele mit
Chantal und
François ein Spiel.

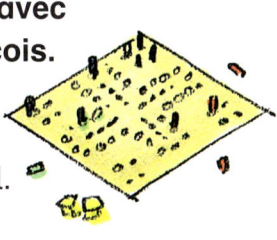

_____

le jeu vidéo das Computerspiel
**Alain a beaucoup
de jeux vidéo.**
Alain hat viele
Computerspiele.

le jouet das Spielzeug
**Les boîtes sont
pleines de jouets.**
Die Schachteln sind
voll mit Spielzeug.

le nounours der Teddybär
**Mon nounours dort
toujours sur mon lit.**
Mein Teddybär schläft
immer auf meinem Bett.

la lampe die Lampe
**De quelle couleur
est ma lampe ?**
Welche Farbe
hat meine Lampe?

l'ordinateur (m) der Computer
**Je fais parfois
mes devoirs sur
ordinateur.**
Manchmal mache ich
meine Hausaufgaben
am Computer.

le lecteur de CD der CD-Player
**Mes CD sont à côté
du lecteur de CD.**
Meine CDs
sind neben
dem CD-Player.

l'oreiller (m) das Kopfkissen
Mon oreiller est mou.
Mein Kopfkissen
ist weich.

le lit das Bett
**J'aime rester au lit
les jours de pluie.**
Ich bleibe an
Regentagen gern
im Bett.

parfois manchmal
**Toufou dort
parfois sur mon lit.**
Manchmal schläft
Toufou auf meinem Bett.

le mur die Wand
**Le poster est au mur
au-dessus de mon lit.**
Das Poster ist an der
Wand über meinem Bett.

le plancher der Boden,
der Fußboden
**Il y a un tapis rouge
sur le plancher.**
Auf dem Fußboden
liegt ein roter Teppich.

le portable das Handy
   Où est mon portable ?
   Wo ist mein Handy?

le poster das Poster
   **Tu vois le poster
   de mon groupe
   pop préféré ?**
   Siehst du das
   Poster von meiner
   Lieblingsgruppe?

la poupée die Puppe
   **Ma poupée préférée
   s'appelle Sophie.**
   Meine Lieblingspuppe
   heißt Sophie.

la radio das Radio
   **J'écoute parfois
   la radio le soir.**
   Manchmal höre
   ich abends Radio.

le radio-réveil der Radiowecker
   **Je n'aime pas
   mon radio-réveil
   tôt le matin.**
   Am frühen Morgen
   mag ich den Radiowecker nicht.

la raquette de tennis
der Tennisschläger
   **Ma raquette de tennis
   est très vieille.**
   Mein Tennisschläger
   ist sehr alt.

les rollers (m) die Inliner
   **Où sont mes
   rollers ?**
   Wo sind meine
   Inliner?

le tapis de souris das Mauspad
   **La souris est sur
   le tapis de souris.**
   Die Maus ist
   auf dem Mauspad.

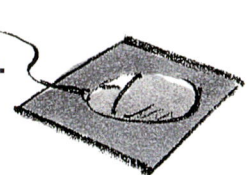

la tirelire das Sparschwein
   **Ma tirelire n'est
   pas lourde.**
   Mein Sparschwein
   ist nicht sehr schwer.

Mon corps

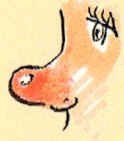

le nez

la bouche

les cheveux

l'os

le médecin

l'œil

l'oreille

le médicament

le coude

le bras

le pansement

le miroir

la jambe

le bandage

le pouce

l'orteil

le genou

aïe ! autsch!
  **Aïe ! Agnès se
  cogne l'orteil.**
  Autsch! Agnès
  stößt sich am Zeh.

――――――

avoir chaud j-m warm sein
  J'ai chaud !
  Mir ist warm.

――――――

avoir froid j-m kalt sein
  J'ai froid !
  Mir ist kalt.

――――――

avoir mal wehtun
  J'ai mal à la tête.
  Mir tut der Kopf weh.

――――――

le bandage der Verband
  **Mon nounours a
  un bandage autour
  de la tête.**
  Mein Teddy hat einen
  Verband um den Kopf.

――――――

le bleu der blaue Fleck
  **Agnès a un bleu
  à la jambe.**
  Agnès hat einen
  blauen Fleck am Bein.

blond, **blonde** blond
  Papa a les cheveux blonds.
  Papa hat blonde Haare.

――――――

la bouche der Mund
  **Le bébé peut mettre son
  pied dans la bouche.**
  Das Baby kann
  seinen Fuß in den
  Mund nehmen.

――――――

bouclé, **bouclée** lockig
  **Mamie a les
  cheveux bouclés.**
  Oma hat lockiges
  Haar.

――――――

le bras der Arm
  **Les bras d'Alain
  sont très sales.**
  Alains Arme sind
  sehr dreckig.

――――――

les cheveux (m) das Haar
  **Mamie a les
  cheveux gris.**
  Oma hat graues
  Haar.

le corps der Körper
Ça, c'est mon corps.
Das ist mein Körper.

———————

le cou der Hals
**Les girafes ont
un très long cou.**
Giraffen haben
einen sehr langen Hals.

———————

le coude der Ellbogen
**Alain se cogne souvent
les coudes.**
Alain stößt sich oft
am Ellbogen.

———————

le derrière der Po, der Hintern
**Le bébé tombe
souvent et a mal
au derrière.**
Das Baby fällt oft hin
und tut sich am Po weh.

———————

devoir müssen
Je dois rester au lit.
Ich muss im Bett
bleiben.

le doigt der Finger
**Tu as combien
de doigts ?**
Wie viele Finger hast du?

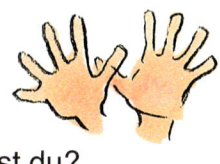

———————

le dos der Rücken
Maman a mal au dos.
Mama hat
Rückenschmerzen.

entendre hören
Tu entends la pluie ?
Kannst du den
Regen hören?

———————

l'épaule (f) die Schulter
**Tigris est assis
sur l'épaule de
Tante Colette.**
Tigris sitzt auf
Tante Colettes
Schulter.

———————

éternuer niesen
**J'éternue beaucoup
aujourd'hui.
Atchoum !**
Ich muss heute
viel niesen. Hatschi!

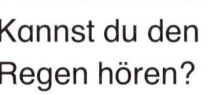

ATCHOUM!

31

la fièvre das Fieber
J'ai de la fièvre.
Ich habe Fieber.

_____

le genou das Knie
**Alain a mal
au genou.**
Alain tut das Knie weh.

_____

la gorge der Hals
J'ai mal à la gorge.
Ich habe
Halsschmerzen.

_____

la jambe das Bein
**Alain a les
jambes sales.**
Alain hat
schmutzige Beine.

_____

la main die Hand
**Les mains du bébé
sont très petites.**
Babys Hände sind
sehr klein.

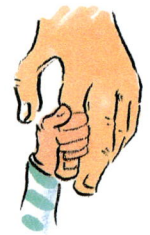

_____

malade krank
Je suis malade.
Ich bin krank.

le médecin (m)
der Arzt, die Ärztin
**Le médecin
est une femme
très gentille.**
Die Ärztin ist eine
sehr nette Frau.

_____

le médicament
die Medizin, das Medikament
**Le médecin a beaucoup
de médicaments
dans sa trousse.**
Die Ärztin hat
viele Medikamente
in ihrer Tasche.

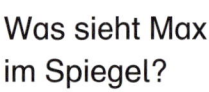

_____

le menton das Kinn
**Papa a un pansement
au menton.**
Papa hat ein
Pflaster am Kinn.

_____

le miroir der Spiegel
**Qu'est-ce qu'Alain
voit dans
le miroir ?**
Was sieht Max
im Spiegel?

la moustache der Schnurrbart
  L'homme a une moustache.
  Der Mann hat einen Schnurrbart.

---

le nez die Nase
  J'ai le nez rouge.
  Ich habe eine rote Nase.

---

l'œil (m) das Auge
  Mon nounours a un bandage sur l'œil.
  Mein Teddy hat einen Verband über dem Auge.

---

l'oreille (f) das Ohr
  Toufou se gratte l'oreille.
  Toufou kratzt sich am Ohr.

---

l'orteil (m) der Zeh
  Tu as combien d'orteils ?
  Wie viele Zehen hast du?

l'os (m) der Knochen
  Toufou adore les os.
  Toufou liebt Knochen.

---

le pansement das Pflaster
  Alain a un pansement au genou.
  Alain hat ein Pflaster am Knie.

---

le pied der Fuß
  J'ai froid aux pieds.
  Ich habe kalte Füße.

---

la poitrine die Brust
  Le médecin écoute ma poitrine.
  Die Ärztin hört meine Brust ab.

---

le pouce der Daumen
  Le bébé dort toujours avec son pouce dans la bouche.
  Das Baby schläft immer mit dem Daumen im Mund.

prendre un bain baden
**Alain doit
prendre un bain.**
Alain muss baden.

_____

raide glatt, gerade
**Chantal a les
cheveux très raides.**
Chantal hat sehr
glatte Haare.

_____

regarder sehen
Regarde, il pleut !
Sieh mal, es regnet.

_____

le rhume die Erkältung
**Ce n'est pas drôle
d'avoir un rhume.**
Es ist nicht lustig,
eine Erkältung zu haben.

_____

saigner bluten
**Le genou d'Alain
saigne.**
Alains Knie blutet.

_____

sale schmutzig
**Pourquoi Alain
est sale ?**
Warum ist Alain schmutzig?

se cogner anstoßen
**Agnès se cogne
l'orteil contre l'os
de Toufou.**
Agnès stößt sich den
Zeh an Toufous Knochen.

_____

se gratter kratzen
**Toufou se gratte
l'oreille.**
Toufou kratzt
sich am Ohr.

_____

se laver sich waschen

Alain, va te laver !
Alain, geh und wasch dich!

_____

se sentir sich fühlen
Je ne me sens pas bien.
Ich fühl mich nicht gut.

le sourcil die Augenbraue
**Tes sourcils sont
au-dessus de tes yeux.**
Deine Augenbrauen
sind über den Augen.

_____

la tête der Kopf
J'ai la tête lourde.
Ich habe einen
schweren Kopf.

_____

tomber hinfallen
**Alain tombe
souvent au foot.**
Alain fällt oft
beim Fußballspielen hin.

_____

la toux der Husten
**Le médecin me donne
un médicament
pour ma toux.**
Die Ärztin gibt
mir Medizin für
meinen Husten.

_____

la trousse (de médecin)
die Arzttasche
**Où est la trousse
de médecin ?**
Wo ist die Arzttasche?

le ventre der Bauch
**Toufou a un
gros ventre.**
Toufou hat
einen dicken Bauch.

_____

le visage das Gesicht
**Alain a le visage
très sale.**
Alain hat ein sehr
schmutziges Gesicht.

_____

voir sehen
**Tu vois l'os
de Toufou ?**
Siehst du Toufous Knochen?

_____

la voix die Stimme
**Je n'ai plus
de voix aujourd'hui.**
Ich habe heute
keine Stimme mehr.

_____

les yeux (m) die Augen
**Toufou a de beaux,
petits yeux.**
Toufou hat schöne
kleine Augen.

Les sentiments

pleurer

triste

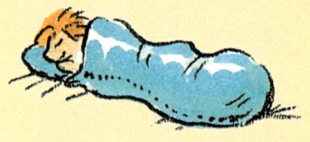

le sac de couchage

la tente

c'est amusant

la crêpe

sourire

aimer

le dentiste

se cacher

37

adorer lieben
   Alain adore les crêpes.
   Alain liebt Crêpes.

_____

aimer mögen
   Tu aimes les crêpes ?
   Magst du Crêpes?

_____

avoir faim hungrig sein
   Toufou a très faim.
   Toufou ist sehr
   hungrig.

_____

avoir peur Angst haben
   **La souris n'a pas
   peur du chat.**
   Die Maus hat keine
   Angst vor der Katze.

_____

avoir soif durstig sein
   **On a très soif après
   une longue promenade.**
   Nach einem langen
   Spaziergang sind
   wir sehr durstig.

beau, bel, belle schön
   **Marguerite a de
   beaux yeux bleus.**
   Marguerite hat
   schöne blaue Augen.

_____

beaucoup sehr
   Le bébé aime beaucoup Tigris.
   Das Baby mag Tigris sehr.

_____

la bibliothèque
die Bücherei, die Bibliothek
   **Maman aime aller
   à la bibliothèque.**
   Mama geht gern
   zur Bücherei.

_____

la blague der Witz
   **Alain raconte
   une blague à Papa.**
   Alain erzählt
   Papa einen Witz.

_____

bon appétit guten Appetit

Bon appétit !
Guten Appetit!

bruyant, **bruyante** laut
L'hélicoptère est
très bruyant.
Der Hubschrauber
ist sehr laut.

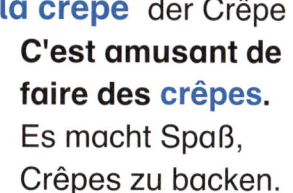

la crêpe der Crêpe
C'est amusant de
faire des crêpes.
Es macht Spaß,
Crêpes zu backen.

c'est amusant es macht Spaß
C'est amusant de
dormir sous la tente.
Es macht Spaß, in
einem Zelt zu schlafen.

croire glauben
Tu crois aux fantômes ?
Glaubst du an Geister?

célèbre berühmt
Papa voit beaucoup
de gens célèbres.
Papa sieht viele
berühmte Leute.

le dentiste, **la dentiste**
der Zahnarzt, die Zahnärztin
Je n'aime pas
le dentiste.
Ich mag den
Zahnarzt nicht.

chouette toll
Chouette, on va au zoo !
Toll, wir gehen in den Zoo.

détester hassen
Maman déteste
faire la vaisselle.
Mama hasst
abspülen.

content, **contente** zufrieden
Le bébé n'est
pas content.
Das Baby ist
nicht zufrieden.

ennuyeux, **ennuyeuse**
langweilig
C'est très ennuyeux de
jouer à cache-cache
avec Madame Pavite.
Mit Madame Pavite
Verstecken zu spielen
ist sehr langweilig.

être d'accord zustimmen
   Je suis d'accord avec toi.
   Ich stimme dir zu.

être désolé, être désolée
Leid tun
   Oh, je suis désolé !
   Oh, es tut mir Leid.

---

faire la vaisselle abspülen
   Qui fait la vaisselle ce soir ?
   Wer spült heute Abend ab?

---

faire un câlin umarmen
   **Je fais un câlin
   à Toufou.**
   Ich umarme Toufou.

---

fatigué, fatiguée müde
   **Agnès est fatiguée.
   Elle veut dormir.**
   Agnès ist müde.
   Sie will schlafen.

furieux, furieuse wütend
   **Madame Pavite est
   furieuse parce que
   Marguerite mange
   ses fleurs.**
   Madame Pavite ist
   wütend, weil Marguerite
   ihre Blumen frisst.

---

goûter kosten
   **Marguerite aime goûter aux
   fleurs de Madame Pavite.**
   Marguerite kostet gern die
   Blumen von Madame Pavite.

---

l'hélicoptère (m)
der Hubschrauber
   **L'ami de Papa est
   pilote d'hélicoptère.**
   Papas Freund ist
   Hubschrauberpilot.

---

heureux, heureuse glücklich
   **Marguerite est
   heureuse.**
   Marguerite ist
   glücklich.

intelligent, **intelligente** klug
> **Mon chien Toufou**
> **est très intelligent.**
> Mein Hund Toufou
> ist sehr klug.

_____

intéressant, **intéressante**
interessant
> **Alain trouve les araignées**
> **très intéressantes.**
> Alain findet Spinnen
> sehr interessant.

_____

jouer à cache-cache
Verstecken spielen
> **Ce n'est pas amusant**
> **de jouer à cache-cache**
> **avec une tortue.**
> Es macht keinen
> Spaß, mit einer
> Schildkröte Verstecken
> zu spielen.

_____

mieux besser
> **Ça va mieux maintenant.**
> Mir geht's jetzt besser.

_____

moi ich (betont)
> **Moi, je me sens triste.**
> Ich bin traurig.

l'odeur (f) der Duft
> **Tu aimes l'odeur**
> **des roses ?**
> Magst du den Duft
> von Rosen?

_____

pleurer weinen
> **Le bébé pleure.**
> Das Baby weint.

_____

quelque chose etwas
> **Tu vois quelque**
> **chose dans la boîte ?**
> Siehst du etwas
> in der Schachtel?

_____

rien nichts
> **Il n'y a rien**
> **dans la boîte.**
> In der Schachtel
> ist nichts.

_____

rire lachen
> **Papa rit souvent.**
> Papa lacht oft.

le sac de couchage
der Schlafsack

  Alain et Agnès
  aiment dormir dans
  leur sac de couchage.
  Alain und Agnès schlafen
  gern im Schlafsack.

————————

se cacher sich verstecken
  Madame Pavite
  se cache.
  Madame Pavite
  versteckt sich.

————————

se sentir bien
sich wohl fühlen
  Tigris se sent bien.
  Tigris fühlt sich wohl.

————————

se sentir mal
sich unwohl fühlen
  Alain se sent mal.
  Alain fühlt sich unwohl.

————————

sentir riechen
  Maman aime
  sentir les roses.
  Mama mag gern
  Rosen riechen.

sourire lächeln
  Tante Colette
  sourit au bébé.
  Tigris ne sourit pas.
  Tante Colette lächelt
  das Baby an. Tigris lächelt nicht.

————————

sympa (Vorsicht: kein „s" im
Plural) nett
  Maman trouve
  le dentiste sympa.
  Mama findet den Zahnarzt nett.

————————

tard spät
  Il est très tard.
  Agnès est fatiguée.
  Es ist sehr spät.
  Agnès ist müde.

————————

la tente das Zelt
  Ce n'est pas amusant
  de dormir sous la tente
  quand il pleut.
  Es macht keinen
  Spaß, bei Regen
  in einem Zelt
  zu schlafen.

————————

toi du (betont)
  Je me sens bien. Et toi ?
  Ich fühl mich wohl. Und du?

tôt früh
>**Je n'aime pas me lever tôt.**
>Ich steh nicht gern früh auf.

_____

triste traurig
>**Le bébé est triste**
>**parce que Tigris**
>**ne veut pas jouer.**
>Das Baby ist traurig,
>weil Tigris nicht spielen will.

_____

trop zu viel
>**Alain mange**
>**trop de crêpes.**
>Alain isst zu
>viele Crêpes.

le vélo das Fahrrad
>**Maman adore**
>**faire du vélo.**
>Mama liebt es, mit
>dem Fahrrad zu fahren.

_____

vouloir wollen
>**Le bébé veut**
>**jouer avec Tigris.**
>Das Baby will
>mit Tigris spielen.

43

la chaussette

Les vêtements

l'armoire

les gants

les baskets

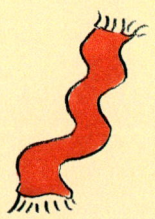

l'écharpe

le pull

les bottes

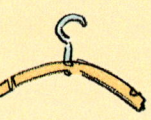

le cintre

44

le tee-shirt

la montre

le pyjama

le pantalon

le bouton

le chausson

le collier

la ceinture

la chaussure

à rayures gestreift
Où est ma chaussette à rayures ?
Wo ist meine gestreifte Socke?

apporter bringen
Toufou, apporte mon chausson !
Toufou, bring mir meinen Hausschuh!

l'armoire (f) der Kleiderschrank
Il y a beaucoup de vêtements dans mon armoire.
Es sind viele Kleidungsstücke in meinem Schrank.

les baskets (f) die Turnschuhe
Alain court très vite avec ses nouvelles baskets.
Alain läuft sehr schnell mit seinen neuen Turnschuhen.

le béret die Baskenmütze
Oncle Jean-Pierre porte souvent un béret.
Onkel Jean-Pierre trägt oft eine Baskenmütze.

les bottes (f) die Stiefel
Aujourd'hui, il pleut. Je vais porter mes bottes.
Heute regnet es. Ich werde meine Stiefel anziehen.

le bouton der Knopf
Il y a combien de boutons sur mon manteau ?
Wie viele Knöpfe sind an meinem Mantel?

le bracelet das Armband
Ce bracelet est un cadeau de Mamie.
Dieses Armband ist ein Geschenk von Oma.

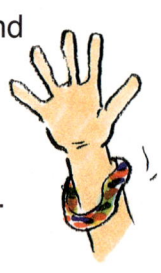

le cartable die Schultasche
Où est mon cartable ?
Wo ist meine Schultasche?

la casquette die Mütze
Alain porte sa casquette préférée.
Alain trägt seine Lieblingsmütze.

_____

la ceinture der Gürtel
Je porte souvent une ceinture avec mon pantalon.
Ich trage oft einen Gürtel zu meiner Hose.

_____

le chapeau der Hut
Maman porte toujours un chapeau à la plage.
Mama trägt am Strand immer einen Hut.

_____

la chaussette die Socke
Où est ma chaussette ?
Wo ist meine Socke?

_____

le chausson der Hausschuh
Toufou adore mes chaussons.
Toufou liebt meine Hausschuhe.

la chaussure der Schuh
Nos chaussures sont en bas dans l'entrée.
Unsere Schuhe sind unten im Flur.

_____

la chemise das Hemd
Papa porte une chemise sous sa veste.
Papa trägt ein Hemd unter seiner Jacke.

_____

le cintre der Kleiderbügel
Ma jupe est sur un cintre.
Mein Rock hängt auf einem Kleiderbügel.

_____

le collant die Strumpfhose
Je déteste les collants.
Ich hasse Strumpfhosen.

_____

le collier die Halskette
Ce collier est aussi un cadeau de Mamie.
Diese Halskette ist auch ein Geschenk von Oma.

Les vêtements

la couverture die Decke
Toufou a une couverture dans son lit.
Toufou hat eine Decke in seinem Bett.

---

la cravate die Krawatte
Tu aimes la cravate de Papa ?
Magst du Papas Krawatte?

---

le désordre die Unordnung
Ma chambre est en désordre.
In meinem Zimmer herrscht Unordnung.

---

l'écharpe (f) der Schal
En hiver, je porte une longue écharpe rouge.
Im Winter trage ich einen langen roten Schal.

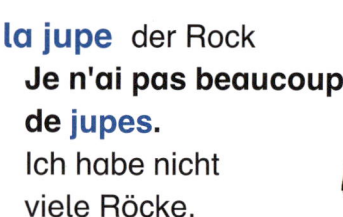

---

essayer anprobieren
Maman et moi, on aime essayer de nouveaux jeans.
Mama und ich probieren gern neue Jeans an.

les gants (m) die Handschuhe
Moi, je perds souvent mes gants. Et toi ?
Ich verliere oft meine Handschuhe. Und du?

---

le jean die Jeans
Agnès porte son jean aujourd'hui.
Heute trägt Agnès ihre Jeans.

---

joli, jolie hübsch
Mamie a beaucoup de jolies robes.
Oma hat viele hübsche Kleider.

---

la jupe der Rock
Je n'ai pas beaucoup de jupes.
Ich habe nicht viele Röcke.

---

le manteau der Mantel
Je porte un manteau en hiver.
Im Winter trage ich einen Mantel.

la montre die Armbanduhr
**Ça, c'est
la montre d'Agnès.**
Das ist Agnès'
Armbanduhr.

perdre verlieren
**Je perds toujours
mes chaussettes.**
Ich verliere immer
meine Socken.

le pantalon die Hose
**Les pantalons d'Alain
sont toujours sales.**
Alains Hosen sind
immer schmutzig.

la poche die Hosentasche
**Qu'est-ce qu'il y a dans
la poche d'Alain ?**
Was ist in Alains
Hosentasche?

partout überall
**Il y a des vêtements
partout dans ma chambre.**
In meinem Zimmer
liegen überall Kleider.

porter tragen, anziehen
**Qu'est-ce que je vais
porter aujourd'hui ?**
Was soll ich heute anziehen?

le peignoir der Bademantel,
der Morgenmantel
**Je me sens bien
dans mon peignoir.**
Ich fühle mich wohl
in meinem Bademantel.

le problème das Problem
**J'ai un problème. Je ne
trouve pas ma chaussette.**
Ich habe ein Problem.
Ich finde meine Socke nicht.

le pull der Pullover
**Je n'aime pas
le pull d'Agnès.**
Agnès' Pullover
gefällt mir nicht.

pendre hängen
**Mon tee-shirt pend
à la porte de l'armoire.**
Mein T-Shirt hängt
an der Kleiderschranktür.

le pyjama der Pyjama, der Schlafanzug
Je porte un pyjama pour dormir.
Zum Schlafen trage ich einen Pyjama.

———————

ranger aufräumen
Catherine, range ta chambre, s'il te plaît !
Catherine, bitte räum dein Zimmer auf.

———————

la robe das Kleid
Je n'aime pas porter des robes.
Ich trage nicht gern Kleider.

———————

le sac à dos der Rucksack
Je prends parfois mon sac à dos pour aller à l'école.
Manchmal nehme ich meinen Rucksack mit in die Schule.

la sandale die Sandale
En été, on se sent bien avec des sandales.
Im Sommer fühlen wir uns in Sandalen wohl.

———————

savoir wissen
Je ne sais pas quoi porter aujourd'hui.
Ich weiß nicht, was ich heute anziehen soll.

———————

le short die Shorts, kurze Hose
Il y a de la boue sur le short d'Alain.
Auf Alains Shorts ist Dreck.

———————

les sous-vêtements (m) die Unterwäsche
J'ai froid en sous-vêtements.
Mir ist kalt in meiner Unterwäsche.

———————

souvent oft
Je ne range pas souvent ma chambre.
Ich räume nicht oft mein Zimmer auf.

le tee-shirt das T-Shirt

On porte un tee-shirt pour faire du sport.
Beim Sport tragen
wir T-Shirts.

la veste die Jacke

La veste de Papa est toujours propre.
Papas Jacke
ist immer sauber.

le trou das Loch

Il y a un trou dans ma chaussette. Je peux voir mon orteil.
In meiner Socke ist
ein Loch. Ich kann
meinen Zeh sehen.

les vêtements (m) die Kleidung

J'ai beaucoup de vêtements.
Ich habe viele
Kleidungsstücke.

voler stehlen

Qui vole toujours mes chaussons ?
Wer stiehlt immer
meine Hausschuhe?

trouver finden

Je ne trouve rien dans ce désordre.
Bei dieser Unordnung
finde ich nichts.

Ma journée

 la pendule

 la dent

 le roi

 la lune

 la reine

 l'étoile

dormir

se lever

le dîner

la couronne

le soir

la brosse à dents

le dentifrice

à pied zu Fuß
**Normalement, je
vais à l'école à pied.**
Normalerweise gehe
ich zu Fuß zur Schule.

_____

après nach
**Je fais mes devoirs
après l'école.**
Nach der Schule mache
ich meine Hausaufgaben.

_____

l'après-midi (m) der Nachmittag
**En France, on a école
le matin et aussi
l'après-midi.**
In Frankreich ist
vormittags und
auch nachmittags Schule.

_____

au revoir auf Wiedersehen

Au revoir !
Auf Wiedersehen.

avant vor
**Normalement, je fais
mes devoirs avant le dîner.**
Normalerweise mache
ich meine Hausaufgaben
vor dem Abendessen.

_____

avec mit
**Je vais à l'école avec
François et Chantal.**
Ich gehe mit François
und Chantal zur Schule.

_____

bonne journée
einen schönen Tag

Bonne journée !
Einen schönen Tag.

_____

bonne nuit gute Nacht

Bonne nuit !
Gute Nacht.

la brosse à dents
die Zahnbürste
> **De quelle couleur est
> ta brosse à dents ?**
> Welche Farbe hat
> deine Zahnbürste?

---

la cantine die Kantine
> **Ce n'est pas toujours
> bon à la cantine.**
> Es ist nicht immer
> gut in der Kantine.

---

ce soir heute Abend
> **Ce soir, c'est
> la pleine lune.**
> Heute Abend
> ist Vollmond.

---

ce, cet, cette diese (r, s)
> **Je n'aime pas ce film.**
> Ich mag diesen Film nicht.

---

commencer anfangen
> **L'école commence
> à huit heures.**
> Die Schule fängt um
> acht Uhr an.

la couronne die Krone
> **Où est la couronne ?**
> Wo ist die Krone?

---

le déjeuner das Mittagessen
> **Je prends le déjeuner
> à la cantine de l'école.**
> Ich esse in der
> Schulkantine
> zu Mittag.

---

la dent der Zahn
> **Le bébé a une dent.**
> Das Baby hat einen Zahn.

---

le dentifrice die Zahnpasta
> **Où est le dentifrice ?**
> Wo ist die Zahnpasta?

---

le devoir die Hausaufgaben
> **Maman m'aide parfois
> à faire mes devoirs.**
> Mama hilft mir manchmal
> bei den Hausaufgaben.

le dîner das Abendessen
  **Chez nous, on prend
  le dîner à huit heures.**
  Das Abendessen gibt es
  bei uns um acht Uhr.

---

fatigué, fatiguée müde
  **Maman est très
  fatiguée ce matin.**
  Mama ist heute
  Morgen sehr müde.

---

dormir schlafen
  **Alain ne peut
  pas dormir parce
  qu'il a peur.**
  Alain kann nicht
  schlafen, weil er Angst hat.

---

l'heure (f) die Stunde
  **Il y a vingt-quatre
  heures dans une journée.**
  Ein Tag hat 24 Stunden.

---

le jour der Tag
  **Le samedi est
  mon jour préféré.**
  Samstag ist mein
  Lieblingstag.

---

l'étoile (f) der Stern
  **Tu vois combien
  d'étoiles ?**
  Wie viele Sterne
  siehst du?

---

la journée der Tag
  **Ma journée va être
  longue aujourd'hui.**
  Heute habe ich einen
  langen Tag.

---

faire une promenade
spazieren gehen
  **Je fais toujours une
  promenade avec
  Toufou l'après-midi.**
  Nachmittags gehe ich
  immer mit Toufou
  spazieren.

---

la lune der Mond
  **Toufou aboie toujours
  à la pleine lune.**
  Toufou bellt immer
  den Vollmond an.

le matin der Morgen, der Vormittag
À l'école, on a une récré de dix minutes le matin.
Wir haben eine zehnminütige Pause morgens in der Schule.

la nuit die Nacht
Les chauve-souris et les hiboux volent la nuit.
Fledermäuse und Eulen fliegen in der Nacht.

_____

midi mittags
À midi, j'ai faim.
Mittags habe ich Hunger.

la pendule die Uhr
La pendule dans l'entrée est cassée.
Die Uhr im Flur ist kaputt.

_____

minuit Mitternacht
Minuit est l'heure préférée des fantômes.
Mitternacht ist die Lieblingszeit für Gespenster.

le petit déjeuner das Frühstück
Toufou prend toujours son petit déjeuner sous la table.
Toufou isst sein Frühstück immer unter dem Tisch.

_____

la minute die Minute
Il y a soixante minutes dans une heure.
Eine Stunde hat sechzig Minuten.

prendre une douche duschen
Je prends parfois une douche le soir.
Manchmal dusche ich abends.

_____

normalement normalerweise
Normalement, je bois du jus d'orange le matin.
Normalerweise trinke ich morgens Orangensaft.

raconter erzählen
Papi aime raconter des histoires.
Opa erzählt gern Geschichten.

regarder la télé fernsehen

On regarde parfois la télé après le dîner.
Nach dem Abendessen sehen wir manchmal fern.

---

la reine die Königin

Dans mon livre, la reine perd sa couronne.
In meinem Buch verliert die Königin ihre Krone.

---

réveiller aufwecken

Toufou me réveille toujours le week-end.
Am Wochenende weckt mich Toufou immer auf.

---

le roi der König

Mon livre raconte l'histoire d'un roi et d'une reine.
Mein Buch handelt von einem König und einer Königin.

salut tschüs

Salut !
Tschüs.

---

se brosser les dents sich die Zähne putzen

N'oublie pas de te brosser les dents après le petit déjeuner !
Vergiss nicht, die Zähne nach dem Frühstück zu putzen.

---

se lever aufstehen

Le matin, je me lève à sept heures.
Ich stehe morgens um sieben Uhr auf.

---

le soir der Abend

Ce soir, il y a un bon film à la télé.
Heute Abend kommt ein toller Film im Fernsehen.

sombre dunkel
  Le ciel est sombre
  aujourd'hui.
  Heute ist der
  Himmel dunkel.

le temps die Zeit
  Je n'ai pas le temps
  de jouer.
  Ich habe keine Zeit
  zum Spielen.

toujours immer
  Je lis toujours au lit.
  Ich lese immer im Bett.

venir kommen
  Viens, on va jouer !
  Komm, wir gehen spielen.

L'heure	Die Uhrzeit
Quelle heure est-il ?	Wie viel Uhr ist es?
Il est neuf heures.	Es ist 9 Uhr.
une demi-heure	eine halbe Stunde
neuf heures et demie	halb zehn
neuf heures et quart	Viertel nach neun
neuf heures moins le quart	Viertel vor neun

le livre

À l'école

la cloche

le pinceau

le taille-crayon

le feutre

la colle

la trousse

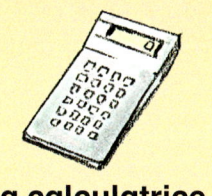
la calculatrice

le stylo

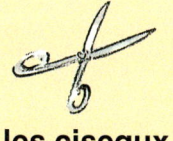
les ciseaux

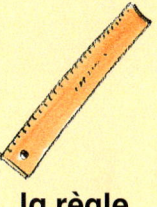
la règle

la carte

la cage

le hamster

le globe

le dictionnaire

le crayon

à bientôt bis bald

À bientôt !
Bis bald.

les arts plastiques (m) Kunst

**On a cours
d'arts plastiques
cet après-midi.**
Heute Nachmittag
haben wir Kunstunterricht.

aider helfen

**Tu peux m'aider,
s'il te plaît ?**
Kannst du mir
bitte helfen?

la cage der Käfig

**La cage de Chouchou
est près de la fenêtre.**
Chouchous Käfig steht
nahe beim Fenster.

l'alphabet (m) das Alphabet

**L'alphabet
commence par A.**
Das Alphabet
fängt mit A an.

ABC...

le cahier das Heft

**J'ai beaucoup
de cahiers.**
Ich habe viele Hefte.

l'anglais (m) Englisch

**En France, on apprend
l'anglais à l'école.**
In Frankreich lernen
wir Englisch in der Schule.

la calculatrice
der Taschenrechner

**François a une
calculatrice dans
son cartable.**
François hat einen
Taschenrechner in
seiner Schultasche.

apprendre lernen

**Tu apprends aussi
l'anglais à l'école ?**
Lernst du auch Englisch
in der Schule?

la carte die Landkarte
La carte est au mur entre les fenêtres.
Die Landkarte hängt an der Wand zwischen den Fenstern.

---

le chouchou der Liebling
Chouchou est le chouchou de la classe.
Chouchou ist der Liebling der Klasse.

---

chuchoter flüstern
François me chuchote quelque chose.
François flüstert mir etwas zu.

---

les ciseaux (m) die Schere
Où sont les ciseaux ?
Wo ist die Schere?

---

la classe die Klasse
Chantal, Aïcha et François sont dans ma classe.
Chantal, Aïcha und François sind in meiner Klasse.

la cloche die Glocke
La cloche est à côté de la pendule.
Die Glocke ist neben der Uhr.

---

la colle der Klebstoff
La colle est à côté des ciseaux.
Der Klebstoff ist neben der Schere.

---

connaître kennen
Madame Caron connaît mes parents.
Frau Caron kennt meine Eltern.

---

le contrôle die Klassenarbeit
On a un contrôle de géographie cet après-midi.
Heute Nachmittag schreiben wir eine Erdkundearbeit.

---

le copain, la copine
der Freund, die Freundin
J'ai beaucoup de copains à l'école.
Ich habe viele Freunde in der Schule.

couper schneiden
**C'est facile de couper
du papier avec
des ciseaux.**
Es ist einfach,
Papier mit einer
Schere zu schneiden.

_____

la cour de l'école der Schulhof
**Ahmed est dans
la cour de l'école.**
Ahmed ist auf dem
Schulhof.

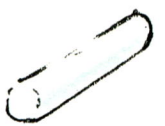

_____

le cours die Unterrichtsstunde
**Le cours préféré
de François est l'histoire.**
François' Lieblingsstunde
ist Geschichte.

_____

la craie die Kreide
La craie est blanche.
Die Kreide ist weiß.

_____

le crayon der Bleistift
Où est mon crayon ?
Wo ist mein Bleistift?

demander fragen
**Demande-moi
quelque chose !**
Frag mich was.

_____

deviner erraten
**Tu peux deviner
la réponse ?**
Kannst du die Antwort
erraten?

_____

le dictionnaire das Lexikon,
das Wörterbuch
**Tu as un
dictionnaire ?**
Hast du ein Wörterbuch?

_____

l'école (f) die Schule
**Notre école est
très vieille.**
Unsere Schule
ist sehr alt.

_____

écrire schreiben
**La prof écrit
au tableau.**
Die Lehrerin
schreibt an die Tafel.

l'élève (m/f) der Schüler, die Schülerin
Il y a combien d'élèves dans ta classe ?
Wie viele Schüler sind in deiner Klasse?

l'emploi du temps (m) der Stundenplan
L'emploi du temps pour aujourd'hui est au mur.
Der Stundenplan für heute hängt an der Wand.

enseigner unterrichten
Madame Caron enseigne les maths.
Frau Caron unterrichtet Mathe.

faire machen
Normalement, on fait nos devoirs à la maison.
Normalerweise machen wir unsere Hausaufgaben zu Hause.

faux, fausse falsch
C'est faux.
Das ist falsch.

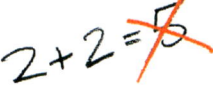

le feutre der Filzstift
Aïcha a beaucoup de feutres.
Aïcha hat viele Filzstifte.

la géographie Erdkunde
J'aime aussi notre cours de géographie.
Ich mag auch unsere Erdkundestunden.

le globe der Globus
Je peux voir le Canada sur le globe.
Ich kann Kanada auf dem Globus sehen.

la gomme der Radiergummi
Où est ma gomme ?
Wo ist mein Radiergummi?

le hamster der Hamster
Le hamster de l'école s'appelle Chouchou.
Der Schulhamster heißt Chouchou.

l'histoire (f) Geschichte
On apprend les rois et les reines de France en histoire.
In Geschichte lernen wir etwas über die Könige und Königinnen in Frankreich.

_____

la langue die Sprache
Tu peux parler combien de langues ?
Wie viele Sprachen sprichst du?

_____

la lettre der Buchstabe
A est la première lettre de l'alphabet.
A ist der erste Buchstabe des Alphabets.

_____

le livre das Buch
Mon cartable est plein de livres.
Meine Schultasche ist voller Bücher.

_____

Madame (f) Frau
Madame Caron porte des lunettes.
Frau Caron trägt eine Brille.

les maths (mathématiques) (f)
Mathematik
Je n'aime pas les maths.
Ich mag Mathematik nicht.

$$2+2=4$$

_____

la matière das Fach
Quelle est ta matière préférée ?
Was ist dein Lieblingsfach?

_____

Monsieur (m) Herr
Notre prof de géographie s'appelle Monsieur Bernier.
Unser Erdkundelehrer heißt Herr Bernier.

_____

le mot das Wort
Il y a combien de mots dans le dictionnaire ?
Wie viele Wörter sind in dem Wörterbuch?

_____

la page die Seite
Pardon ? Nous sommes à quelle page ?
Entschuldigung. Auf welcher Seite sind wir?

le papier das Papier
> **On a besoin de beaucoup de papier à l'école.**
> In der Schule brauchen wir viel Papier.

peindre malen
> **On peint souvent en arts plastiques.**
> Wir malen viel im Kunstunterricht.

le pinceau der Pinsel
> **Les pinceaux sont à côté de la cage de Chouchou.**
> Die Pinsel sind neben Chouchous Käfig.

préféré, préférée Lieblings-
> **Mon cours préféré est l'anglais.**
> Meine Lieblingsstunde ist Englisch.

prendre nehmen
> **Prenez votre calculatrice, s'il vous plaît !**
> Nehmt bitte euren Taschenrechner.

le prof (professeur), la prof der Lehrer, die Lehrerin
> **Notre prof s'appelle Madame Caron.**
> Unsere Lehrerin heißt Frau Caron.

la question die Frage
> **Il y a beaucoup de questions difficiles dans ce contrôle.**
> In dieser Klassenarbeit sind viele schwierige Fragen.

la récré (récréation) die Pause
> **On a une récré de dix minutes le matin.**
> Wir haben morgens zehn Minuten Pause.

la règle das Lineal
> **Je peux avoir ta règle, s'il te plaît ?**
> Kann ich bitte dein Lineal haben?

la réponse die Antwort
> **Aïcha sait la réponse.**
> Aïcha weiß die Antwort.

s'asseoir sich setzen
  Assieds-toi, s'il te plaît !
  Setz dich, bitte.

_____

la salle de classe
das Klassenzimmer
  Ça, c'est ma
  salle de classe.
  Dies ist mein
  Klassenzimmer.

_____

savoir wissen
  Aïcha sait la
  réponse.
  Aïcha weiß die
  Antwort.

_____

sonner klingeln
  La cloche sonne
  pour la récré.
  Die Uhr klingelt
  zur Pause.

_____

le stylo der Stift
  Chantal écrit dans son
  cahier avec son stylo.
  Chantal schreibt mit
  einem Stift in ihr Heft.

le tableau die Tafel
  Madame Caron écrit
  au tableau avec une
  craie.
  Frau Caron schreibt
  mit Kreide an die Tafel.

_____

le taille-crayon
der Bleistiftspitzer
  Mon crayon est cassé.
  Tu as un taille-crayon ?
  Mein Bleistift ist
  abgebrochen. Hast
  du einen Spitzer?

_____

la trousse das Mäppchen
  Aïcha a beaucoup
  de crayons dans
  sa trousse.
  Aïcha hat viele Stifte
  in ihrem Mäppchen.

_____

utiliser benutzen
  J'utilise souvent
  ma calculatrice.
  Ich benutze oft meinen
  Taschenrechner.

_____

vrai, vraie richtig
  C'est vrai.
  Das ist richtig.

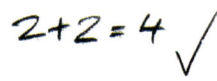

En classe, vous entendez	Was ihr im Klassenzimmer hört
Je peux avoir ta règle, s'il te plaît ?	Kann ich bitte dein Lineal haben?
Je ne comprends pas la question.	Ich verstehe die Frage nicht.
Vous pouvez répéter, s'il vous plaît ?	Können Sie das bitte noch mal sagen?
Levez-vous, s'il vous plaît !	Bitte aufstehen.
Asseyez-vous, s'il vous plaît !	Bitte hinsetzen.
Ouvrez votre livre à la page douze !	Öffnet euer Buch auf Seite 12.
Fermez votre livre !	Schließt euer Buch.
Prenez votre stylo !	Nehmt euren Stift.
Ferme la porte, s'il te plaît !	Bitte macht die Tür zu.
Écoutez, s'il vous plaît !	Hört zu, bitte.
Écrivez les réponses dans votre cahier !	Schreibt die Antworten in euer Heft.

Les passe-temps et les sports

le but

faire du vélo

le gardien
de but

la joueuse
de tennis

le géant

la guitare

le dragon

sauter à la
corde

le piano

le basket

patiner

la forêt

courir

chanter

le foot

l'épée

71

attraper fangen
Hé, Maman,
attrape le ballon !
He, Mama.
Fang den Ball!

collectionner sammeln
Papa collectionne
les drapeaux.
Papa sammelt
Flaggen.

_____

le basket (basket-ball)
der Basketball
Les tortues ne peuvent
pas jouer au basket.
Schildkröten können
nicht Basketball spielen.

courir laufen
Toufou court
après Maman.
Toufou läuft
Mama nach.

_____

le but das Fußballtor
La porte de la
grange est le but.
Das Scheunentor
ist das Fußballtor.

danser tanzen
Mamie et Papi
adorent danser.
Oma und Opa
lieben es zu tanzen.

_____

chanter singen
Papa chante
toujours
sous la douche.
Papa singt immer
unter der Dusche.

dessiner zeichnen, malen
Alain et Agnès
dessinent dans
la cuisine.
Alain und Agnès
malen in der Küche.

_____

le chevalier der Ritter
Le chevalier tient
une longue épée.
Der Ritter hält
ein langes Schwert.

le dragon der Drache
Le dragon est
furieux.
Der Drache ist
wütend.

écouter zuhören

J'aime écouter Mamie jouer du piano.
Ich höre Oma gern beim Klavierspielen zu.

---

l'épée (f) das Schwert
Alain veut aussi une épée.
Alain will auch ein Schwert haben.

---

l'équipe (f) die Mannschaft
Quelle est ton équipe de foot préférée ?
Welches ist deine Lieblingsfußballmannschaft?

---

faire du sport Sport treiben
Tu aimes faire du sport ?
Treibst du gern Sport?

---

faire du vélo Rad fahren
Maman fait souvent du vélo.
Mama fährt oft Rad.

faire la cuisine kochen

Tante Colette aime faire la cuisine.
Tante Colette kocht gern.

---

la fée die Fee
Agnès dessine une fée.
Agnès malt eine Fee.

---

le foot (football) (der) Fußball
Le foot est le sport préféré d'Alain.
Alains Lieblingssport ist Fußball.

---

la forêt der Wald
Il y a beaucoup d'arbres dans la forêt.
Im Wald sind viele Bäume.

---

fort, forte laut
La musique est trop forte.
Die Musik ist zu laut.

le gardien de but der Torwart

Alain est un bon gardien de but.
Alain ist ein guter Torwart.

_____

le géant der Riese

Alain dessine un géant dans la forêt.
Alain malt einen Riesen im Wald.

_____

la guitare die Gitarre

Oncle Jean-Pierre peut jouer de la guitare.
Onkel Jean-Pierre kann Gitarre spielen.

_____

l'histoire (f) die Geschichte

Maman nous lit une histoire.
Mama liest uns eine Geschichte vor.

_____

jardiner im Garten arbeiten

Maman aime jardiner.
Mama arbeitet gern im Garten.

jouer spielen

J'aime jouer avec mes amis.
Ich spiele gern mit meinen Freunden.

_____

le joueur de tennis, **la joueuse de tennis**
der Tennisspieler

Chantal n'est pas une très bonne joueuse de tennis.
Chantal ist keine sehr gute Tennisspielerin.

_____

lancer werfen

Alain lance le ballon à Maman.
Alain wirft Mama den Ball zu.

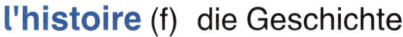

_____

manger essen, fressen

Manger est le passe-temps de Toufou.
Toufous Hobby ist Fressen.

_____

la musique die Musik

Tu aimes la musique pop ?
Magst du Popmusik?

occupé, **occupée** beschäftigt

Tante Colette est très occupée dans la cuisine.
Tante Colette ist in der Küche sehr beschäftigt.

_____

le passe-temps das Hobby

Tu as un passe-temps ?
Hast du ein Hobby?

_____

patiner Schlittschuh laufen

Marguerite ne peut pas patiner.
Marguerite kann nicht Schlittschuh laufen.

_____

le piano das Klavier

Tu peux jouer du piano ?
Kannst du Klavier spielen?

_____

le prince der Prinz

Le prince dort dans son château.
Der Prinz schläft in seiner Burg.

la princesse die Prinzessin

La princesse porte une couronne.
Die Prinzessin trägt eine Krone.

_____

sauter à la corde seilhüpfen

Agnès et son amie sautent à la corde dans la cour de l'école.
Agnès und ihre Freundin hüpfen im Schulhof Seil.

_____

siffler pfeifen

Tante Colette peut siffler très fort.
Tante Colette kann sehr laut pfeifen.

_____

le tennis das Tennis

Je joue au tennis avec Chantal.
Ich spiele mit Chantal Tennis.

_____

vite schnell

Toufou court très vite.
Toufou läuft sehr schnell.

La nourriture et les boissons

la pomme

le fromage

l'orange

l'œuf

le raisin

le citron

le chocolat

la poire

la baguette

la banane

le panier

la fraise

les noix

le bonbon

la tomate

les spaghettis

l'ananas (m) die Ananas
**Ce n'est pas facile
de couper un ananas.**
Es ist nicht einfach,
eine Ananas zu schneiden.

---

la baguette die Baguette
**En France, on adore
la baguette.**
In Frankreich liebt
man Baguette.

---

la banane die Banane
Où sont les bananes ?
Wo sind die Bananen?

---

le beurre die Butter
**Mets le beurre
dans le frigo.**
Leg die Butter in
den Kühlschrank.

---

le biscuit der Keks
**Je mange parfois des
biscuits l'après-midi.**
Nachmittags esse
ich manchmal Kekse.

boire trinken
**Tu veux quelque chose
à boire ?**
Willst du was zu trinken?

---

la boisson das Getränk
**Le jus d'orange est
ma boisson préférée.**
Orangensaft ist mein
Lieblingsgetränk.

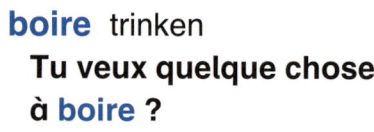

---

bon, **bonne** lecker
Le bonbon est bon !
Das Bonbon ist lecker!

---

le bonbon das Bonbon
**Trop de bonbons,
c'est mauvais
pour les dents.**
Zu viele Bonbons sind
schlecht für die Zähne.

---

le café der Kaffee
**Papa boit beaucoup
de café.**
Papa trinkt viel Kaffee.

le chocolat chaud die heiße Schokolade
> **On boit du chocolat chaud quand il fait froid.**
> Wir trinken heiße Schokolade, wenn es kalt ist.

_____

le chocolat die Schokolade
> **Le chocolat est sur le micro-ondes.**
> Die Schokolade liegt auf der Mikrowelle.

_____

le citron die Zitrone
> **De quelle couleur est le citron ?**
> Welche Farbe hat die Zitrone?

_____

la confiture die Marmelade
> **J'aime aussi les tartines à la confiture.**
> Ich mag auch Marmeladenbrote.

_____

la coupe die Schüssel, die Schale
> **Mets les fruits dans la coupe.**
> Leg das Obst in die Obstschale.

la crème die Sahne
> **Tigris adore la crème.**
> Tigris liebt Sahne.

_____

le croissant das Croissant
> **On mange des croissants au petit déjeuner le dimanche.**
> Sonntags essen wir Croissants zum Frühstück.

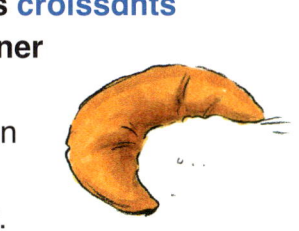

_____

l'eau (f) das Wasser
> **Maman boit beaucoup d'eau.**
> Mama trinkt viel Wasser.

_____

la farine das Mehl
> **Mamie a besoin de farine pour faire un gâteau.**
> Oma braucht Mehl zum Kuchenbacken.

_____

la fraise die Erdbeere
> **J'aime le yaourt aux fraises.**
> Ich mag Erdbeerjoghurt.

la framboise die Himbeere
**Les framboises sont
les fruits préférés
de Maman.**
Himbeeren sind
Mamas Lieblingsfrüchte.

_____

le frigo der Kühlschrank
**Brrr. Il fait froid
dans le frigo.**
Brr. Es ist kalt
im Kühlschrank.

_____

le fromage der Käse
**Les souris adorent
le fromage.**
Mäuse lieben Käse.

_____

le fruit das Obst
**On mange des fruits
frais tous les jours.**
Wir essen jeden
Tag frisches Obst.

_____

le jus d'orange der Orangensaft
**Maman boit du
jus d'orange le matin.**
Mama trinkt
morgens Orangensaft.

le jus der Saft
**Les jumeaux adorent
le jus de pomme.**
Die Zwillinge lieben
Apfelsaft.

_____

le lait die Milch
Le bébé boit du lait.
Das Baby trinkt Milch.

_____

lourd, lourde schwer
**Les sacs sont
très lourds.**
Die Einkaufstüten
sind sehr schwer.

_____

le melon die Melone
**On mange du melon
quand il fait chaud.**
Wir essen Melone,
wenn es heiß ist.

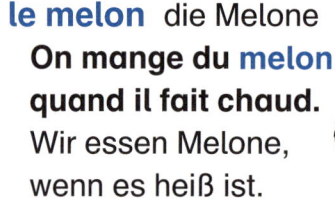

_____

le micro-ondes die Mikrowelle
**Le micro-ondes est
à côté du placard.**
Die Mikrowelle steht
neben dem Schrank.

le miel der Honig
**J'aime les tartines
au miel.**
Ich mag Honigbrote.

_____

le muesli das Müsli
**Maman mange
toujours du muesli
au petit déjeuner.**
Mama isst immer
Müsli zum Frühstück.

_____

les noix (f) die Nüsse
**Les écureuils
adorent les noix.**
Die Eichhörnchen
lieben Nüsse.

_____

la nourriture pour chiens
das Hundefutter
**On achète beaucoup
de nourriture pour
chiens.**
Wir kaufen viel Hundefutter.

_____

la nourriture die Lebensmittel
**On achète toujours
beaucoup de nourriture.**
Wir kaufen immer
viele Lebensmittel.

l'œuf (m) das Ei
**Attention, ne casse
pas les œufs !**
Vorsicht, zerbrich
nicht die Eier!

_____

l'orange (f) die Orange
**Les oranges sont
dans la coupe.**
Die Orangen sind
in der Obstschale.

_____

le panier der Korb
**Qu'est-ce qu'il y
a dans le panier ?**
Was ist in dem Korb?

_____

la pastèque die Wassermelone
**La pastèque est
très lourde.**
Die Wassermelone
ist sehr schwer.

_____

le persil die Petersilie
**Maman a toujours
du persil frais.**
Mama hat immer
frische Petersilie.

la pizza die Pizza
Tu aimes la pizza ?
Magst du Pizza?

porter tragen
**Maman porte
les sacs.**
Mama trägt
die Einkaufstüten.

le placard der Schrank
**Le placard est
plein de nourriture
pour chiens.**
Der Schrank ist
voller Hundefutter.

le raisin die Trauben
**On fait du vin
avec le raisin.**
Aus Trauben
macht man Wein.

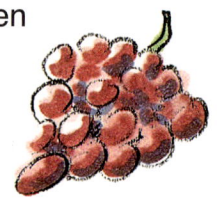

la poire die Birne
**Les poires sont aussi
dans la coupe.**
Die Birnen sind auch
in der Obstschale.

le riz der Reis
**On mange souvent
du riz.**
Wir essen oft Reis.

le poivron die Paprikaschote
**Je n'aime pas
les poivrons.**
Ich mag keine Paprika.

le sac die Einkaufstüte
Le sac est très plein.
Die Einkaufstüte
ist ganz voll.

la pomme der Apfel
**Tu aimes les pommes
rouges ou les pommes
vertes ?**
Magst du grüne
oder rote Äpfel?

la salade der Salat
**Maman mange
beaucoup de salade.**
Mama isst viel
Salat.

la soupe die Suppe
Agnès aime la soupe
aux tomates.
Agnès mag gern
Tomatensuppe.

la tomate die Tomate
Les tomates sont
dans le frigo.
Die Tomaten sind
im Kühlschrank.

_____

_____

les spaghettis (m) die Spaghetti
On mange des
spaghettis le mardi.
Dienstags essen
wir Spaghetti.

le vin der Wein
Papa aime le vin
rouge et Maman
le vin blanc.
Papa mag Rotwein
und Mama Weißwein.

_____

_____

le sucre der Zucker
Papi met beaucoup de
sucre dans son thé.
Opa tut viel Zucker
in seinen Tee.

le yaourt der Joghurt
Je mange parfois
du yaourt au petit
déjeuner.
Manchmal esse ich
Joghurt zum Frühstück.

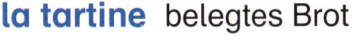

_____

la tartine belegtes Brot
Agnès aime aussi
les tartines.
Agnès mag auch
belegte Brote.

_____

le thé der Tee
Mamie ne met
pas de sucre
dans son thé.
Oma tut keinen
Zucker in ihren Tee.

Au supermarché

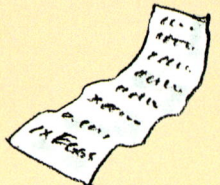

la liste
des courses

le poisson

la boîte

la bouteille

le pain

le poulet

le caddie

le journal

le sac
à main

la laitue

l'oignon

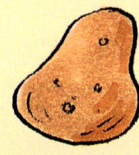

la pomme
de terre

le chou-fleur

l'argent

acheter kaufen
Maman achète
beaucoup de fruits.
Mama kauft viel Obst.

———————

l'argent (m) das Geld
L'argent de Tante
Colette est dans
son porte-monnaie.
Tante Colettes Geld
ist in ihrem Geldbeutel.

———————

avoir besoin de brauchen
On a besoin de lait ?
Brauchen wir Milch?

———————

la boîte die Dose
Où sont les boîtes
de nourriture pour
chats ?
Wo sind die Dosen
mit Katzenfutter?

———————

la bouteille die Flasche
Qu'est-ce qu'il y a
dans la bouteille ?
Was ist in der Flasche?

le caddie der Einkaufswagen
Le bébé aime s'asseoir
dans le caddie.
Das Baby sitzt gern
im Einkaufswagen.

———————

la caisse die (Supermarkt-)Kasse
L'amie de Tante Colette
travaille à la caisse.
Tante Colettes Freundin
arbeitet an der Kasse.

———————

la carotte die Karotte
Les carottes sont à côté
des pommes de terre.
Die Karotten sind
neben den Kartoffeln.

———————

le chou-fleur der Blumenkohl
Tante Colette fait
une bonne soupe
au chou-fleur.
Tante Colette macht
eine tolle Blumenkohlsuppe.

———————

le client, la cliente der Kunde,
die Kundin
Il y a beaucoup de
clients le samedi.
Samstags sind
viele Kunden da.

combien wie viel

Ça fait **combien** ?
Wie viel kostet das?

---

l'entrée (f) der Eingang
Tu vois la femme avec un caddie à l'entrée ?
Siehst du die Frau mit dem Einkaufswagen am Eingang?

---

faire les courses
einkaufen gehen
J'aime faire les courses avec Tante Colette.
Ich gehe gern mit Tante Colette einkaufen.

---

fermé, fermée geschlossen
Le supermarché est fermé la nuit.
Der Supermarkt ist nachts geschlossen.

frais, fraîche frisch
Frais d'aujourd'hui !
Heute frisch!

---

le jambon der Schinken
Moi, je mange souvent du jambon. Et toi ?
Ich esse oft Schinken. Und du?

---

je voudrais ich möchte
Tante Colette, je voudrais une pizza, s'il te plaît !
Tante Colette, ich möchte bitte eine Pizza.

---

le journal die Zeitung
N'oublie pas le journal d'Oncle Jean-Pierre !
Vergesst Onkel Jean-Pierres Zeitung nicht!

---

la laitue der Kopfsalat
On achète de la laitue ?
Kaufen wir einen Kopfsalat?

le légume das Gemüse
Les pommes de terre, les carottes et les choux-fleurs sont des légumes.
Kartoffeln, Karotten und Blumenkohl sind Gemüse.

---

la liste des courses
die Einkaufsliste
Où est ma liste des courses ?
Wo ist meine Einkaufsliste?

---

le magazine die Zeitschrift
Tante Colette aime lire des magazines.
Tante Colette liest gerne Zeitschriften.

---

l'oignon (m) die Zwiebel
Les oignons me font pleurer.
Zwiebeln bringen mich zum Weinen.

ouvert, ouverte geöffnet
Le supermarché est ouvert.
Der Supermarkt ist geöffnet.

---

le pain das Brot
Miam, du pain frais !
Lecker! Frisches Brot.

---

payer zahlen
On paie à la caisse.
Wir zahlen an der Kasse.

---

penser à an etwas denken
À quoi pense Alain ?
Woran denkt Alain?

---

le poisson der Fisch

N'oubliez pas le poisson !
Vergesst nicht den Fisch!

la pomme de terre die Kartoffel
**Alain adore les
pommes de terre.**
Alain liebt Kartoffeln.

_____

le porte-monnaie der Geldbeutel
**Tu vois le porte-monnaie
de Tante Colette ?**
Siehst du Tante
Colettes Geldbeutel?

_____

le poulet das Hühnchen
**Le poulet est ma
viande préférée.**
Hühnchen ist mein
Lieblingsfleisch.

_____

pousser drücken, schieben
**Tante Colette
pousse le caddie.**
Tante Colette
schiebt den
Einkaufswagen.

_____

le sac à main die Handtasche
**Le porte-monnaie
de Tante Colette est
dans son sac à main.**
Tante Colettes
Geldbeutel ist
in ihrer Handtasche.

le supermarché der Supermarkt
**Je suis au supermarché
avec Tante Colette.**
Ich bin mit
Tante Colette
im Supermarkt.

_____

les surgelés (m) die Tiefkühlkost
**Il fait froid à côté
des surgelés.**
Es ist kalt neben
der Tiefkühlkost.

_____

travailler arbeiten
Qui travaille à la caisse ?
Wer arbeitet an der Kasse?

_____

le vendeur, la vendeuse
der Verkäufer, die Verkäuferin
**La vendeuse n'est
pas très occupée
aujourd'hui.**
Die Verkäuferin
ist heute nicht
sehr beschäftigt.

_____

la viande das Fleisch
**Maman n'aime
pas la viande.**
Mama mag
kein Fleisch.

En ville

la moto

le pont

la rivière

l'arrêt de bus

la voiture

la fontaine

la cabine
téléphonique

la boîte
aux lettres

**le passage
pour piétons**

l'ambulance

**la voiture
de pompiers**

le feu

la mairie

le banc

le bus

le toboggan

à droite rechts

Au coin de la
rue, tournez **à droite** !
An der Straßenecke
rechts abbiegen!

à gauche links

Au feu,
tournez **à gauche** !
An der Ampel biegen
Sie links ab.

---

l'ambulance (f)
der Krankenwagen
Où va l'ambulance ?
Wohin fährt der
Krankenwagen?

---

l'arrêt de bus (m)
die Bushaltestelle
**Il y a beaucoup
d'enfants à
l'arrêt de bus.**
An der Bushaltestelle
sind viele Kinder.

---

au coin (de) an der Ecke (von)
**Le feu est
au coin de la rue.**
Die Ampel ist an
der Straßenecke.

le banc die (Park-)Bank
Qui est sur le banc ?
Wer sitzt
auf der Bank?

---

la banque die Bank
**Le papa de Chantal
travaille à la banque.**
Chantals Papa
arbeitet bei der Bank.

---

le bâtiment das Gebäude
**Il y a beaucoup de grands
bâtiments en ville.**
Es gibt viele große
Gebäude in der Stadt.

---

la boîte aux lettres
der Briefkasten
**La boîte aux lettres
est au mur de la poste.**
Der Briefkasten ist an
der Wand des Postamts.

---

la boulangerie die Bäckerei
**Qu'est-ce qu'on peut acheter
à la boulangerie ?**
Was kann man in der
Bäckerei kaufen?

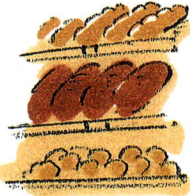

le bus der Bus

Tante Colette prend le bus pour aller en ville.
Tante Colette fährt mit dem Bus in die Stadt.

la cabine téléphonique
die Telefonzelle

Il y a un vieil homme dans la cabine téléphonique.
Da ist ein alter Mann in der Telefonzelle.

le camion der Lastwagen

Le camion s'arrête au passage pour piétons.
Der Lastwagen hält am Zebrastreifen.

le cinéma das Kino

Mamie et Papi vont souvent au cinéma.
Oma und Opa gehen oft ins Kino.

la circulation der Verkehr

Il y a beaucoup de circulation dans ta ville ?
Ist viel Verkehr in deiner Stadt?

le conducteur de bus
der Busfahrer

Le conducteur de bus a une moustache.
Der Busfahrer hat einen Schnurrbart.

conduire fahren

Papa conduit très vite.
Papa fährt sehr schnell.

l'église (f) die Kirche

Les cloches de l'église sonnent le dimanche.
Sonntags läuten die Kirchenglocken.

l'essence (f) das Benzin

La voiture de Papa a besoin de beaucoup d'essence.
Papas Auto verbraucht viel Benzin.

l'étang (m) der Teich

Attention, ne tombe pas dans l'étang !
Vorsicht! Fall nicht in den Teich.

le feu die Ampel
Attention, le feu est rouge !
Vorsicht, die Ampel ist rot!

_____

la fontaine der Brunnen
**Les canards prennent
une douche dans
la fontaine.**
Die Enten duschen
im Brunnen.

_____

la gare der Bahnhof
**Les trains s'arrêtent
à la gare.**
Die Züge halten
am Bahnhof an.

_____

l'hôpital (m) das Krankenhaus
**L'ambulance va à
l'hôpital.**
Der Krankenwagen
fährt zum Krankenhaus.

_____

il faut man muss
Il faut s'arrêter au feu rouge.
Bei Rot muss man anhalten.

la lettre der Brief
**J'écris une lettre à
mon ami au Canada.**
Ich schreibe einen Brief an
meinen Freund in Kanada.

_____

la librairie die Buchhandlung
**La librairie est
le magasin préféré
de Maman.**
Die Buchhandlung
ist Mamas
Lieblingsladen.

_____

le magasin der Laden
Quel est ton magasin préféré ?
Was ist dein Lieblingsladen?

_____

la mairie das Rathaus
**Maman doit aller à la
mairie aujourd'hui.**
Mama muss heute
ins Rathaus gehen.

_____

le marché der Markt
**Maman achète des fruits
et des légumes
frais au marché.**
Mama kauft
frisches Obst und
Gemüse auf dem Markt.

marcher zu Fuß gehen, laufen
On marche beaucoup.
Wir gehen viel zu Fuß.

---

monter dans einsteigen
Les enfants montent dans le bus.
Die Kinder steigen in den Bus ein.

---

la moto das Motorrad
Où est la moto ?
Wo ist das Motorrad?

---

le musée das Museum
Où est le musée ?
Wo ist das Museum?

---

le panneau das Schild
Qu'est-ce que tu lis sur le panneau ?
Was liest du auf dem Schild?

---

le parc der Park
Le terrain de jeux est dans le parc.
Der Spielplatz ist im Park.

le passage pour piétons
der Zebrastreifen
Les voitures doivent s'arrêter au passage pour piétons.
Die Autos müssen am Zebrastreifen anhalten.

---

la pharmacie die Apotheke
On peut acheter des médicaments à la pharmacie.
In der Apotheke kann man Medikamente kaufen.

---

la piscine das Schwimmbad
On va parfois à la piscine le samedi.
Manchmal gehen wir samstags ins Schwimmbad.

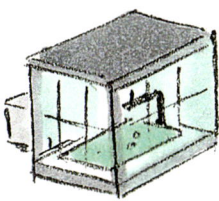

---

le pont die Brücke
Il y a un pont au-dessus de la rivière.
Es gibt eine Brücke über den Fluss.

la poste das Postamt
La boîte aux lettres est au mur de la poste.
Der Briefkasten ist an der Wand des Postamts.

---

le restaurant das Restaurant
Mamie et Papi aiment aller au restaurant.
Oma und Opa gehen gern ins Restaurant.

---

la rivière der Fluss
Qu'est-ce qu'il y a au-dessus de la rivière ?
Was geht über den Fluss?

---

la rue die Straße
Il y a beaucoup de gens dans la rue.
Auf der Straße sind viele Leute.

---

s'arrêter anhalten
N'oublie pas de t'arrêter au passage pour piétons !
Vergiss nicht, am Zebrastreifen anzuhalten.

la station-service die Tankstelle
Papa va souvent à la station-service.
Papa fährt oft zur Tankstelle.

---

le taxi das Taxi
Les taxis attendent devant la gare.
Die Taxis warten vor dem Bahnhof.

---

le terrain de jeux der Spielplatz
On s'amuse beaucoup au terrain de jeux.
Wir haben viel Spaß auf dem Spielplatz.

---

le timbre die Briefmarke
Tu peux acheter des timbres à la poste.
Briefmarken kannst du im Postamt kaufen.

---

le toboggan die Rutsche
Agnès glisse sur le toboggan.
Agnès rutscht die Rutsche runter.

tourner abbiegen
La voiture verte tourne à droite.
Das grüne Auto biegt rechts ab.

---

tous les jours jeden Tag
La piscine est ouverte tous les jours.
Das Hallenbad hat jeden Tag geöffnet.

---

le train der Zug
On prend parfois le train pour aller à Paris.
Manchmal fahren wir mit dem Zug nach Paris.

---

le trottoir der Bürgersteig
Il faut marcher sur le trottoir.
Man muss auf dem Bürgersteig gehen.

---

vendre verkaufen
Au marché, on vend aussi des fleurs.
Auf dem Markt werden auch Blumen verkauft.

le village das Dorf
Il y a un petit village près de notre ville.
Nahe bei unserer Stadt ist ein kleines Dorf.

---

la ville die Stadt
Tu habites en ville ?
Wohnst du in der Stadt?

---

la voiture das Auto
On a une grande voiture grise.
Wir haben ein großes graues Auto.

---

la voiture de police
das Polizeiauto
On voit souvent une voiture de police en ville.
Wir sehen oft ein Polizeiauto in der Stadt.

---

la voiture de pompiers
das Feuerwehrauto
Le papa de François conduit la voiture de pompiers.
François' Papa fährt das Feuerwehrauto.

le renard

le mouton

À la ferme

la poule

le cochon

la clôture

la chèvre

la grenouille

le papillon

le hérisson

l'épouvantail

le coq

l'agneau

le hibou

la chauve-souris

la souris

le cheval

le lapin

le seau

le canard

la vache

À la ferme

aboyer bellen
Pourquoi Toufou aboie ?
Warum bellt Toufou?

_____

l'agneau (m) das Lamm
Les agneaux sont en haut sur la colline.
Die Lämmer sind oben auf dem Hügel.

_____

l'animal (m), **les animaux**
das Tier, die Tiere
Il y a beaucoup d'animaux à la ferme.
Auf dem Bauernhof gibt es viele Tiere.

_____

attention Vorsicht
Attention, Agnès, tu vas tomber !
Vorsicht Agnès, du fällst gleich!

_____

la boue der Dreck
Qui est dans la boue ?
Wer liegt im Dreck?

le canard die Ente
Le canard veut aussi une pomme.
Die Ente möchte auch einen Apfel.

_____

le champ das Feld
L'épouvantail est dans le champ.
Die Vogelscheuche steht auf dem Feld.

_____

la chauve-souris
die Fledermaus
Moi, j'ai peur des chauve-souris. Et toi ?
Ich habe Angst vor Fledermäusen. Und du?

_____

le cheval das Pferd
Le cheval adore les grosses pommes vertes.
Das Pferd liebt große grüne Äpfel.

_____

la chèvre die Ziege
La chèvre mord le pantalon d'Agnès.
Die Ziege knabbert an Agnès' Hose.

la clôture der Zaun
**Le coq est
sur la clôture.**
Der Hahn sitzt
auf dem Zaun.

le cochon das Schwein
**Le cochon est
très sale.**
Das Schwein ist
sehr dreckig.

la colline der Hügel
**Il y a beaucoup
de moutons
sur la colline.**
Auf dem Hügel
sind viele Schafe.

le coq der Hahn
**Le coq chante
tôt le matin.**
Der Hahn kräht
früh am Morgen.

l'épouvantail (m)
die Vogelscheuche
**Les oiseaux n'ont pas
peur de l'épouvantail.**
Die Vögel haben keine
Angst vor der Vogelscheuche.

l'escargot (m) die Schnecke
**L'escargot
est très lent.**
Die Schnecke
ist sehr langsam.

la ferme der Bauernhof
**Ça, c'est la ferme
de mon oncle.**
Das ist der Bauernhof
von meinem Onkel.

le fermier, la fermière
der Bauer, die Bäuerin
**Oncle Jean-Pierre
est fermier.**
Onkel Jean-Pierre ist Bauer.

la grange die Scheune
**Qui est dans
la grange ?**
Wer ist in der Scheune?

la grenouille der Frosch
**La grenouille
prend un bain.**
Der Frosch
nimmt ein Bad.

À la ferme

le hérisson der Igel
Le hérisson se cache dans la grange.
Der Igel versteckt sich in der Scheune.

---

le hibou die Eule
Le hibou veut dormir.
Die Eule möchte schlafen.

---

le lapin das Kaninchen
Le lapin a de longues dents et de longues oreilles.
Das Kaninchen hat lange Zähne und Ohren.

---

le maïs der Mais
Tu vois le maïs dans la grange ?
Siehst du den Mais in der Scheune?

---

le mouton das Schaf
Les moutons mangent de la bonne herbe verte.
Die Schafe fressen das leckere, grüne Gras.

le nid das Nest
Les souris construisent un nid dans la grange.
Die Mäuse bauen in der Scheune ein Nest.

---

l'oiseau (m) der Vogel
L'oiseau est sur le chapeau de l'épouvantail.
Der Vogel sitzt auf dem Hut der Vogelscheuche.

---

le papillon der Schmetterling
Où est le papillon ?
Wo ist der Schmetterling?

---

la poule das Huhn
Les poules mangent du maïs.
Hühner fressen Mais.

---

le poussin das Küken
Les petits poussins se cachent sous la grosse poule.
Die kleinen Küken verstecken sich unter dem großen Huhn.

près (de)
nahe bei, in der Nähe (von)
L'escargot est
près de la grenouille.
Die Schnecke ist
nahe beim Frosch.

---

le renard der Fuchs
Les poules ne
voient pas le renard.
Die Hühner sehen
den Fuchs nicht.

---

le sac der Sack
Tu vois le trou dans
le sac de maïs ?
Siehst du das Loch
im Sack mit Mais?

---

le seau der Eimer
Qu'est-ce qu'il y a
dans le seau ?
Was ist im Eimer?

---

la souris die Maus
La souris mange
du maïs.
Die Maus frisst Mais.

surveiller beobachten
Le renard surveille
les poules.
Der Fuchs beobachtet
die Hühner.

---

tomber fallen
Alain tombe
dans la boue.
Alain fällt in den Dreck.

---

le tracteur der Traktor
Tante Colette aime
conduire le tracteur.
Tante Colette fährt
gern Traktor.

---

la vache die Kuh
Marguerite est la
vache préférée
d'Oncle Jean-Pierre.
Marguerite ist
Onkel Jean-Pierres
Lieblingskuh.

---

la vigne die Weinrebe
Il y a beaucoup de
raisins dans les vignes.
Es sind viele Weintrauben
an den Reben.

Au zoo

l'ours

l'ours polaire

l'éléphant

la branche

la girafe

la feuille

le singe

le gorille

le paon

le serpent

le crocodile

le chameau

le pingouin

le phoque

l'hippopotame

le lion

l'aquarium (m) das Aquarium
Il y a beaucoup
de poissons
dans l'aquarium.
Im Aquarium
sind viele Fische.

———————

Beurk ! Igitt!

Beurk,
le poisson n'est pas frais !
Igitt, der Fisch ist nicht frisch!

———————

bien sûr natürlich
Tu aimes le zoo ?
Bien sûr !
Magst du den Zoo?
Natürlich.

———————

la branche der Ast
L'éléphant tient une
branche avec sa trompe.
Der Elefant hält einen
Ast mit seinem Rüssel.

le café das Café
On va boire quelque
chose au café ?
Wollen wir etwas
trinken im Café?

———————

le chameau das Kamel
Un garçon est assis
sur le chameau.
Ein Junge sitzt auf
dem Kamel.

———————

comprendre verstehen
L'éléphant
ne comprend pas
le français.
Der Elefant versteht
kein Französisch.

———————

la course das Wettrennen
Les tortues
font une course.
Die Schildkröten
machen ein Wettrennen.

———————

la crinière die Mähne
Le lion a une belle
crinière brune.
Der Löwe hat eine
schöne braune Mähne.

le crocodile das Krokodil
  Le crocodile a beaucoup,
  beaucoup de dents.
  Das Krokodil hat
  viele, viele Zähne.

_____

dangereux, **dangereuse**
gefährlich
  Attention, les crocodiles
  sont dangereux !
  Vorsicht, die Krokodile
  sind gefährlich!

_____

donner à manger füttern
  Le gardien donne
  à manger au tigre.
  Der Wärter
  füttert den Tiger.

_____

Interdit de donner à
manger aux animaux !

Tiere nicht füttern!

_____

l'éléphant (m) der Elefant
  L'éléphant est un
  animal intelligent.
  Der Elefant ist
  ein kluges Tier.

excuse-moi Entschuldigung
  Excuse-moi, je
  ne peux pas voir !
  Entschuldigung,
  ich kann nicht sehen.

_____

excusez-moi Entschuldigen Sie
  Excusez-moi, Monsieur,
  où est le café ?
  Entschuldigen Sie,
  wo ist das Café?

_____

fermer zumachen, schließen
  Le gardien ne
  doit pas oublier de
  fermer la cage.
  Der Wärter darf nicht
  vergessen den Käfig
  zuzumachen.

_____

la feuille das Blatt

  Miam,
  de bonnes feuilles fraîches !
  Mmm, lecker, frische Blätter!

107

Au zoo

le gardien der Wärter
Le gardien a peur du tigre.
Der Wärter hat Angst vor dem Tiger.

l'insecte (m) das Insekt
On peut voir aussi des insectes au zoo.
Im Zoo kann man auch Insekten sehen.

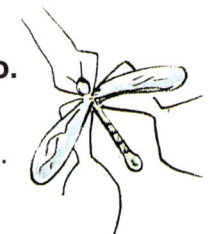

la girafe die Giraffe
La girafe a un très, très long cou.
Die Giraffe hat einen sehr, sehr langen Hals.

jeune jung
Le bébé est trop jeune pour aller au zoo.
Das Baby ist zu jung, um in den Zoo zu gehen.

le gorille der Gorilla
Où sont les gorilles ?
Wo sind die Gorillas?

la jungle der Dschungel
Le tigre vient de la jungle.
Der Tiger kommt aus dem Dschungel.

gros, **grosse** dick, groß
L'éléphant est très, très gros.
Der Elefant ist sehr, sehr dick.

le kangourou das Känguru
D'où viennent les kangourous ?
Woher kommen Kängurus?

l'hippopotame (m) das Nilpferd
Les hippopotames adorent la boue.
Nilpferde lieben Dreck.

le lézard die Eidechse
Les lézards adorent être au soleil.
Die Eidechsen sind gern in der Sonne.

la licorne das Einhorn
  **Il n'y a pas
de licorne au zoo.**
Es gibt kein
Einhorn im Zoo.

mordre beißen
  **Attention, les
crocodiles mordent !**
Vorsicht, die
Krokodile beißen!

le lion der Löwe
  **Le lion est
très vieux.**
Der Löwe ist sehr alt.

nouveau, **nouvel**, **nouvelle** neu
  **Il y a de nouveaux
animaux au zoo.**
Es gibt neue Tiere im Zoo.

méchant, **méchante** böse
  **Le tigre est
très méchant.**
Der Tiger
ist sehr böse.

l'ours (m) der Bär
  **Mon nounours est
mon ours préféré.**
Mein Teddy ist
mein Lieblingsbär.

Miam ! Lecker!

Miam, **de la viande !**
Lecker, Fleisch!

l'ours polaire (m) der Eisbär
  **Les ours polaires
aiment beaucoup
nager.**
Die Eisbären
schwimmen gern.

le panda der Panda
  **Tu sais où habitent
normalement
les pandas ?**
Weißt du,
wo Pandas
normalerweise leben?

le panneau indicateur
der Wegweiser
> **Sur le panneau indicateur, on peut voir où sont les gorilles.**
> Auf dem Wegweiser kann man sehen, wo die Gorillas sind.

_____

le paon der Pfau
> **Regarde, le paon est sur le toit de l'aquarium !**
> Schau mal, der Pfau ist auf dem Dach vom Aquarium.

_____

pardon ? wie bitte?
> **Pardon ? Tu peux répéter, s'il te plaît ?**
> Wie bitte? Kannst du das bitte noch mal sagen?

_____

la patte die Pfote
> **Regarde les grosses pattes du lion !**
> Schau dir die großen Pfoten des Löwen an.

le perroquet
der Papagei

> **Les perroquets sont très bruyants.**
> Die Papageien sind sehr laut!

_____

le phoque der Seehund
> **Les phoques s'amusent à attraper des poissons.**
> Die Seehunde haben Spaß beim Fischefangen.

_____

le pingouin der Pinguin
> **Les pingouins sont très drôles quand ils marchent.**
> Die Pinguine sehen sehr lustig aus, wenn sie laufen.

_____

prêt, prête bereit
> **Nous sommes prêts !**
> Wir sind bereit.

_____

Qu'est-ce qui se passe ?
Was ist los?

rêver träumen
Le lion rêve.
Der Löwe
träumt.

le tigre der Tiger
**Le tigre a
très faim.**
Der Tiger ist
sehr hungrig.

le serpent die Schlange
**Mamie n'aime
pas les serpents.**
Oma mag
keine Schlangen.

la trompe der Rüssel
**La trompe de
l'éléphant est
très longue.**
Der Rüssel vom
Elefant ist sehr lang.

le singe der Affe
**Les singes
sont furieux
contre la girafe.**
Die Affen sind
wütend auf die Giraffe.

trop zu
**Mamie et Papi ne sont pas
trop vieux pour aller au zoo.**
Oma und Opa sind nicht zu alt,
um in den Zoo zu gehen.

la sortie
der Ausgang
Où est la sortie ?
Wo ist der Ausgang?

le zèbre das Zebra
**Les zèbres
portent un pyjama ?**
Tragen Zebras
einen Pyjama?

tenir halten
**Agnès tient
la main de Papi.**
Agnès hält
Opas Hand.

le zoo der Zoo
**On est au zoo avec
nos grands-parents.**
Wir sind mit unseren
Großeltern im Zoo.

La fête foraine

les montagnes russes

le vampire

la sorcière

le fantôme

le château-trampoline

le billet

le monstre

le clown

la grande roue

le toboggan géant

l'auto tamponneuse

le manège

la barbe à papa

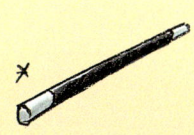

la baguette magique

le magicien

le cow-boy

aller 1. gehen 2. werden
1. On va à la fête foraine.
2. On va s'amuser à la
fête foraine.
1. Wir gehen auf den
Rummelplatz.
2. Wir werden Spaß haben
auf dem Rummelplatz.

_____

attendre warten
Maman et Papa attendent
les jumeaux.
Mama und Papa warten
auf die Zwillinge.

_____

l'auto tamponneuse (f)
der Autoskooter
Alain aime conduire
l'auto tamponneuse.
Alain fährt gern
Autoskooter.

_____

la baguette magique
der Zauberstab
Le magicien ne trouve
pas sa baguette magique.
Der Zauberer findet seinen
Zauberstab nicht.

la barbe à papa
die Zuckerwatte
Le bébé adore la
barbe à papa.
Das Baby liebt Zuckerwatte.

_____

le billet die Fahrkarte
N'oublie pas d'acheter
un billet !
Vergiss nicht, eine
Fahrkarte zu kaufen.

_____

le château-trampoline
die Hüpfburg
Le bébé adore le
château-trampoline.
Das Baby liebt
die Hüpfburg.

_____

le clown der Clown
Le clown a un
gros nez rouge.
Der Clown hat eine
große rote Nase.

_____

le cow-boy der Cowboy
Le cow-boy travaille
sur le manège.
Der Cowboy arbeitet
auf dem Karussell.

d'abord zuerst
**D'abord, on va
acheter un billet.**
Zuerst müssen wir
eine Fahrkarte kaufen.

---

dernier, dernière letzte (r, s)
**Le monstre est assis
dans la dernière voiture.**
Das Monster
sitzt in dem
letzten Wagen.

---

drôle lustig
Le clown est très drôle.
Der Clown ist sehr lustig.

---

encore noch mal, wieder
**Alain veut encore aller
dans le train fantôme.**
Alain möchte noch mal
Geisterbahn fahren.

---

faire la queue sich anstellen
**Il faut faire la queue
pour acheter un billet.**
Um eine Fahrkarte
zu kaufen muss
man sich anstellen.

le fantôme das Gespenst,
der Geist
**Agnès a peur
du fantôme.**
Agnès hat Angst
vor dem Gespenst.

---

la fête foraine der Rummelplatz
**Il y a beaucoup d'enfants
à la fête foraine.**
Auf dem Rummelplatz
sind viele Kinder.

---

gagner gewinnen
**Oncle Jean-Pierre
gagne un poisson rouge.**
Onkel Jean-Pierre
gewinnt einen Goldfisch.

---

les gens (m) die Menschen,
die Leute
**Il y a des gens partout
à la fête foraine.**
Auf dem Rummelplatz
sind überall Leute.

---

glisser rutschen
**J'aime glisser sur le
toboggan géant.**
Ich liebe es, die
Riesenrutsche runter zu rutschen.

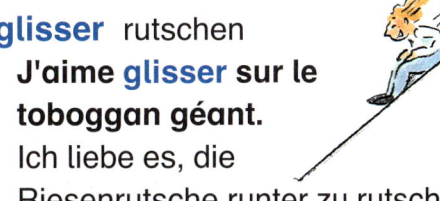

la grande roue
das Riesenrad

**On peut voir notre
maison de la
grande roue.**
Wir können unser Haus vom
Riesenrad aus sehen.

le magicien der Zauberer
**Qu'est-ce que le
magicien fait ?**

Was macht
der Zauberer?

la magie die Zauberei
**C'est chouette,
la magie !**

Zauberei ist toll.

le manège das Karussell
**Il y a combien de chevaux
sur le manège ?**

Wie viele Pferde sind
auf dem Karussell?

le monstre das Monster
**Tu as peur des
monstres ?**

Hast du Angst
vor Monstern?

les montagnes russes (f)
die Achterbahn
**C'est amusant, les
montagnes russes !**

Die Achterbahn ist lustig.

ne ... plus nicht ... mehr
On n'a plus d'argent.
Wir haben kein Geld mehr.

le poisson rouge der Goldfisch
Tu as un poisson rouge ?
Hast du einen Goldfisch?

la poubelle der Mülleimer
La poubelle est pleine.

Der Mülleimer ist voll.

premier, première erste (r, s)
**Alain et Agnès sont
dans la première voiture.**
Alain und Agnès sind
in dem ersten Wagen.

le prix der Preis
**Oncle Jean-Pierre
gagne souvent des prix
à la fête foraine.**
Onkel Jean-Pierre gewinnt oft
Preise auf dem Rummelplatz.

prochain, **prochaine**
nächste (r, s)
**Je veux encore aller à la fête
foraine la semaine prochaine.**
Nächste Woche möchte ich noch
mal auf den Rummelplatz gehen.

———

ramasser aufheben
**Ramasse ça,
s'il te plaît !**
Heb das bitte auf!

———

s'amuser Spaß haben
**On s'amuse beaucoup
à la fête foraine.**
Wir haben viel Spaß
auf dem Rummelplatz.

———

le sang das Blut
**Les vampires aiment
le sang.**
Vampire lieben Blut.

———

sauter hüpfen, springen
**Le bébé aime
sauter sur le
château-trampoline.**
Das Baby hüpft gerne
auf der Hüpfburg.

la sorcière die Hexe
**Toufou n'aime pas
la sorcière.**
Toufou mag die
Hexe nicht.

———

le spectacle die Vorstellung
**Le spectacle de magie
est à deux heures.**
Die Zaubervorstellung
ist um zwei Uhr.

———

le toboggan géant
die Riesenrutsche
**Agnès veut glisser sur
le toboggan géant.**
Agnès will die
Riesenrutsche runterrutschen.

———

le train fantôme die Geisterbahn
**Maman ne veut
pas prendre
le train fantôme.**
Mama will nicht mit
der Geisterbahn fahren.

———

le vampire der Vampir
**Le vampire a du
sang sur les dents.**
Der Vampir hat Blut
an den Zähnen.

Les saisons

le nuage

le cerf-volant

la galette
des rois

le poisson
d'avril

l'éclair

le défilé

l'arc-en-ciel

le calendrier

le flocon de neige

la pluie

le parapluie

les cloches
de Pâques

l'œuf de
Pâques

la marguerite

le muguet

l'an (m) das Jahr
  Un an, c'est douze mois.
  Ein Jahr hat zwölf Monate.

_____

l'année (f) das Jahr
  Bonne et heureuse année !
  Frohes neues Jahr!

_____

l'arc-en-ciel (m) der Regenbogen
  Il y a combien de couleurs
  dans l'arc-en-ciel ?
  Wie viele Farben
  hat der
  Regenbogen?

_____

la boule de neige der Schneeball
  Alain aime faire des
  boules de neige.
  Alain macht gern
  Schneebälle.

_____

le brouillard der Nebel
  Je ne peux pas
  voir Toufou dans
  le brouillard.
  Ich kann Toufou
  im Nebel nicht sehen.

le calendrier der Kalender
  Il y a un calendrier au
  mur de notre cuisine.
  An unserer Küchenwand
  hängt ein Kalender.

_____

le cerf-volant der Drachen
  De quelle couleur est le
  cerf-volant d'Alain ?
  Welche Farbe hat
  Alains Drachen?

_____

le ciel der Himmel
  Le ciel est très bleu aujourd'hui.
  Der Himmel ist
  heute sehr blau.

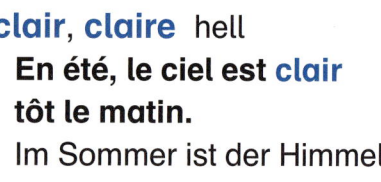

_____

clair, claire hell
  En été, le ciel est clair
  tôt le matin.
  Im Sommer ist der Himmel
  früh morgens hell.

_____

les cloches de Pâques (f)
die Osterglocken
  En France, les
  cloches de
  Pâques apportent
  les œufs de Pâques.
  In Frankreich bringen die
  Osterglocken die Ostereier.

le défilé die Parade
**À Paris, le quatorze juillet,
il y a un grand défilé.**
In Paris gibt es am 14. Juli
eine große
Parade.

l'éclair (m) der Blitz
**J'ai peur
des éclairs.**
Ich habe Angst
vor Blitzen.

ensoleillé, ensoleillée sonnig
**En été, Maman aime
les longues journées
ensoleillées.**
Mama mag die
langen sonnigen
Tage im Sommer.

faire du ski Ski laufen
**En hiver, je fais
parfois du ski.**
Manchmal laufe
ich im Winter Ski.

la fête nationale
der Nationalfeiertag
**En France, la fête
nationale est le
quatorze juillet.**
In Frankreich ist der
14. Juli Nationalfeiertag.

le feu d'artifice das Feuerwerk
**Le quatorze juillet, il y a
des feux d'artifice
partout en France.**
In Frankreich gibt
es am 14. Juli
überall Feuerwerk.

la fève der Bohnenkern
**On cache une fève dans
la galette des rois.**
Im Dreikönigskuchen ist
ein Bohnenkern versteckt.

la flaque die Pfütze
**C'est amusant de
sauter dans les
flaques.**
In Pfützen zu hüpfen
macht Spaß.

le flocon de neige
die Schneeflocke

> **Toufou aime attraper des flocons de neige.**
> Toufou fängt gerne Schneeflocken.

---

froid, **froide** kalt
> **Mon nez est froid.**
> Meine Nase ist kalt.

---

la galette des rois
der Dreikönigskuchen
> **En France, le premier dimanche de janvier, on mange de la galette des rois.**
> In Frankreich isst man am ersten Sonntag im Januar den Dreikönigskuchen.

---

geler frieren
> **Toufou gèle parce qu'il y a beaucoup de neige.**
> Toufou friert, weil viel Schnee liegt.

l'imperméable (m)
der Regenmantel
> **J'aime porter mon imperméable jaune.**
> Ich trage meinen gelben Regenmantel gern.

---

le journal das Tagebuch
> **J'écris mon journal tous les jours.**
> Ich schreibe jeden Tag Tagebuch.

---

la marguerite die Margerite
> **Marguerite adore les marguerites.**
> Marguerite liebt Margeriten.

---

le mois der Monat
> **J'aime le mois d'août.**
> Ich liebe den Monat August.

---

le morceau das Stück
> **Alain trouve la fève dans son morceau de galette. C'est le roi !**
> Alain findet den Bohnenkern in seinem Stück Kuchen. Er ist der König!

le muguet das Maiglöckchen
En France, le premier mai, on offre du muguet.
In Frankreich schenkt man am 1. Mai Maiglöckchen.

---

le nuage die Wolke
Tu vois le gros nuage noir ?
Siehst du die große schwarze Wolke?

---

nuageux bewölkt
Le ciel est nuageux aujourd'hui.
Der Himmel ist heute bewölkt.

---

l'œuf de Pâques (m) das Osterei
Alain mange trop d'œufs de Pâques en chocolat.
Alain isst zu viele Schokoladenostereier.

---

l'orage (m) das Gewitter
Toufou a peur des orages.
Toufou hat Angst vor Gewitter.

oublier vergessen
N'oublie pas mon anniversaire !
Vergiss meinen Geburtstag nicht!

Pâques Ostern
Pâques est en mars ou en avril.
Ostern ist im März oder April.

---

le parapluie der Regenschirm
Prends ton parapluie quand il pleut.
Nimm deinen Regenschirm mit, wenn es regnet.

---

pleuvoir regnen
Il va pleuvoir aujourd'hui.
Heute wird es regnen.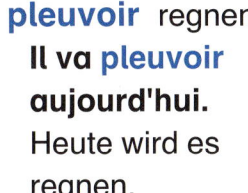

---

la pluie der Regen
Je n'aime pas les jours de pluie.
Ich mag keine Regentage.

le poisson d'avril der Aprilscherz
Le premier avril, on raconte des blagues et on met des poissons d'avril dans le dos des gens.
Am 1. April macht man Scherze und heftet den Leuten Papierfische auf den Rücken.

———————

le porte-bonheur
der Glücksbringer
Le muguet est un porte-bonheur.
Das Maiglöckchen ist ein Glücksbringer.

———————

la rentrée der Schulanfang
Après les grandes vacances, c'est la rentrée.
Nach den großen Ferien ist Schulanfang.

———————

la Saint-Sylvestre Silvester
On fête la Saint-Sylvestre demain.
Morgen feiern wir eine Silvesterparty.

la saison die Jahreszeit
Le printemps est ma saison préférée.
Meine Lieblingsjahreszeit ist der Frühling.

———————

la semaine die Woche
Il y a toujours sept jours dans une semaine.
Eine Woche hat immer sieben Tage.

———————

le snowboard das Snowboard
Le snowboard d'Alain est un cadeau de Noël.
Alains Snowboard ist ein Weihnachtsgeschenk.

———————

le soleil die Sonne
Le soleil se cache derrière les nuages.
Die Sonne versteckt sich hinter den Wolken.

———————

la tempête der Sturm
Tigris n'aime pas les tempêtes et reste à la maison.
Tigris mag den Sturm nicht und bleibt zu Haus.

le temps das Wetter
**Quel temps il fait
aujourd'hui ?**
Wie ist das Wetter heute?

———————

les vacances scolaires (f)
die Schulferien
**On adore les
vacances scolaires.**
Wir lieben
die Schulferien.

———————

le vent der Wind
**En automne,
le vent souffle
beaucoup.**
Im Herbst
weht viel Wind.

———————

le week-end das Wochenende
**Le samedi et le dimanche,
c'est le week-end.**
Samstag und Sonntag
sind das Wochenende.

les jours	die Tage
lundi	Montag
mardi	Dienstag
mercredi	Mittwoch
jeudi	Donnerstag
vendredi	Freitag
samedi	Samstag
dimanche	Sonntag
hier	gestern
aujourd'hui	heute
demain	morgen

les saisons	die Jahreszeiten
le printemps	der Frühling
l'été (m)	der Sommer
l'automne (m)	der Herbst
l'hiver (m)	der Winter

les mois	die Monate
janvier	Januar
février	Februar
mars	März
avril	April
mai	Mai
juin	Juni
juillet	Juli
août	August
septembre	September
octobre	Oktober
novembre	November
décembre	Dezember

En vacances

la carte postale

l'hôtel

la valise

l'appareil photo

le drapeau

le château
de sable

le crabe

les lunettes
de soleil

la pelle

la mouette

la baleine

le navire

l'avion

l'île

le surveillant de plage

le phare

le dauphin

le coquillage

la méduse

l'étoile de mer

aller en vacances
in Urlaub fahren
> **On va en vacances
> à la plage.**
> Wir fahren im Urlaub
> an den Strand.

_____

l'Angleterre (f) England
> **On va en Angleterre
> l'année prochaine.**
> Nächstes Jahr fahren
> wir nach England.

_____

l'appareil photo (m)
der Fotoapparat
> **Papa porte son appareil
> photo autour du cou.**
> Papa trägt seinen
> Fotoapparat um den Hals.

_____

l'avion (m) das Flugzeug
> **Les gens dans
> l'avion vont aussi
> en vacances.**
> Die Leute im Flugzeug
> fliegen auch in Urlaub.

_____

la baleine der Wal
> **Tu vois la baleine ?**
> Siehst du den
> Wal?

le bikini der Bikini
> **Je porte un bikini.**
> Ich trage einen Bikini.

_____

cacher verstecken
> **Qui cache un trésor ?**
> Wer versteckt einen Schatz?

_____

le caleçon de bain
die Badehose
> **Alain porte son vieux
> caleçon de bain.**
> Alain trägt seine
> alte Badehose.

_____

la carte postale die Postkarte
> **Ce soir, je vais écrire
> une carte postale
> à Chantal.**
> Heute Abend schreibe
> ich eine Postkarte an
> Chantal.

_____

le château de sable
die Sandburg
> **Notre château de sable
> est très beau.**
> Unsere Sandburg
> ist sehr schön.

le château das Schloss
**Il y a un beau château
près de la mer.**
Nahe am Meer ist
ein schönes Schloss.

la crème solaire
die Sonnencreme
**N'oublie pas la
crème solaire !**
Vergiss die
Sonnencreme nicht.

chaud, chaude heiß
**Le sable est
très chaud.**
Der Sand ist sehr heiß.

le dauphin der Delfin
**Le dauphin peut
sauter très haut.**
Der Delfin kann
sehr hoch springen.

construire bauen
**Je construis
un château de sable
avec les jumeaux.**
Ich baue mit den
Zwillingen eine Sandburg.

le drapeau die Fahne, Flagge
**On met un drapeau sur
notre château de sable.**
Wir stecken eine Fahne
in unsere Sandburg.

le coquillage die Muschel
**Il y a de beaux
coquillages
roses sur la plage.**
Am Strand sind
schöne rosa Muscheln.

l'escalier (m) die Treppe
**On prend l'escalier
pour aller à la plage.**
Wir nehmen die
Treppe, um an den
Strand zu kommen.

le crabe die Krabbe
**Aïe ! Il y a un crabe
dans le maillot
de bain d'Agnès.**
Aua! In Agnès
Badeanzug ist eine Krabbe.

l'étoile de mer (f)
der Seestern
Où est l'étoile de mer ?
Wo ist der
Seestern?

garder halten, festhalten
  **Garde ta
  casquette, Alain !**
  Halt deine Kappe
  fest, Alain!

---

la grotte die Höhle
  **Qui se cache
  dans la grotte ?**
  Wer versteckt sich
  in der Höhle?

---

l'hippocampe (m)
das Seepferdchen
  **Les hippocampes
  sont très mignons.**
  Die Seepferdchen
  sind sehr niedlich.

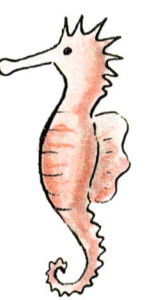

---

l'hôtel (m) das Hotel
  **Notre hôtel est
  près de la plage.**
  Unser Hotel ist
  nahe am Strand.

---

ici hier
  C'est très beau ici.
  Hier ist es sehr schön.

l'idée (f) die Idee
  Alain a une idée.
  Alain hat eine Idee.

---

il fait chaud es ist heiß
  Il fait chaud aujourd'hui.
  Heute ist es heiß.

---

l'île (f) die Insel
  **Je voudrais
  habiter sur l'île.**
  Ich möchte
  auf der Insel
  wohnen.

---

les lunettes de soleil (f)
die Sonnenbrille
  **Je porte des
  lunettes de soleil.**
  Ich trage eine
  Sonnenbrille.

---

le maillot de bain
der Badeanzug
  **Agnès porte son
  maillot de bain préféré.**
  Agnès trägt ihren
  Lieblingsbadeanzug.

le marchand de glaces
die Eisdiele

> **Papa va souvent chez le marchand de glaces.**
> Papa geht oft zur Eisdiele.

la méduse die Qualle

> **Ne mange pas la méduse, Toufou !**
> Nicht die Qualle fressen, Toufou!

la mer das Meer

> **La mer est trop froide pour Papa.**
> Das Meer ist zu kalt für Papa.

mettre
stellen, legen, setzen

> **Mets ton chapeau !**
> Setz deinen Hut auf!

la mouette die Möwe

> **La mouette a les pattes dans l'eau.**
> Die Möwe hat die Füße im Wasser.

nager schwimmen

> **L'homme nage comme un poisson dans l'eau.**
> Der Mann schwimmt wie ein Fisch im Wasser.

le navire das Schiff

> **Le navire va en Angleterre.**
> Das Schiff fährt nach England.

la pelle die Schaufel

> **Tu as besoin d'un seau et d'une pelle pour construire un beau château de sable.**
> Man braucht Eimer und Schaufel, um eine schöne Sandburg zu bauen.

le phare der Leuchtturm

> **Il y a un phare sur l'île.**
> Auf der Insel gibt es einen Leuchtturm.

la pierre der Stein

> **Qu'est-ce qu'il y a sous la pierre ?**
> Was ist unter dem Stein?

le pique-nique das Picknick
À midi, on fait un pique-nique sur la plage.
Wir machen mittags ein Picknick am Strand.

le requin der Hai
Ce n'est pas une bonne idée de nager avec les requins.
Es ist keine gute Idee, mit Haien zu schwimmen.

_____

le pirate der Pirat
Le pirate est dans la grotte.
Der Pirat ist in der Höhle.

rester bleiben
On reste ici une semaine.
Wir bleiben eine Woche hier.

_____

le rocher der Fels
Les phoques sont assis sur les rochers.
Die Seehunde sitzen auf dem Fels.

_____

la plage der Strand
Il y a beaucoup de belles plages en France.
In Frankreich gibt es viele schöne Strände.

_____

le sable der Sand
C'est amusant de jouer dans le sable.
Es macht Spaß, im Sand zu spielen.

_____

la planche à voile das Surfbrett
Tu vois le garçon sur la planche à voile ?
Siehst du den Jungen auf dem Surfbrett?

le sandwich das Sandwich

prendre une photo fotografieren
Un homme prend une photo.
Ein Mann fotografiert.

Beurk ! Il y a du sable dans mon sandwich.
Igitt! In meinem Sandwich ist Sand.

se détendre sich entspannen
**Maman veut se détendre
à la plage.**
Mama will sich am
Strand entspannen.

le trésor der Schatz
**Le pirate cache son
trésor dans la grotte.**
Der Pirat versteckt seinen
Schatz in der Höhle.

se réjouir sich freuen
**Papa se réjouit
d'aller en vacances.**
Papa freut sich darauf,
in Urlaub zu fahren.

les vacances (f) der Urlaub
**C'est très amusant, les
vacances à la plage.**
Strandurlaube machen
großen Spaß.

la serviette de bain
das Badehandtuch
**Maman est
assise sur la
serviette de bain.**
Mama sitzt auf dem
Badehandtuch.

la valise der Koffer
**Nos valises sont sur
le toit de la voiture.**
Unsere Koffer sind
auf dem Autodach.

le voilier das Segelboot
**Les gens dans le voilier
regardent le dauphin.**
Die Menschen im
Segelboot schauen
den Delfin an.

le surveillant de plage
der Rettungsschwimmer
**Le surveillant de plage
surveille les gens
dans l'eau.**
Der Rettungsschwimmer
überwacht die Menschen
im Wasser.

voler fliegen
**Je voudrais voler
comme les mouettes.**
Ich möchte wie
die Möwen fliegen.

Mon anniversaire

le ballon

le verre

la serviette

le gâteau
d'anniversaire

la mousse
au chocolat

le couteau

la fourchette

la glace

la bougie

**la carte
d'anniversaire**

**le cadeau
d'anniversaire**

la saucisse

la cuillère

l'assiette

la tasse

l'anniversaire (m)
der Geburtstag
  C'est mon anniversaire
  aujourd'hui.
  Heute habe ich Geburtstag.

_____

l'assiette (f) der Teller

> **Ne cours pas**
> **avec ton assiette !**
> Renn nicht mit deinem
> Teller herum.

_____

le ballon der Luftballon
  Tigris n'aime pas
  les ballons.
  Tigris mag keine
  Luftballons.

_____

Bon anniversaire !
Herzlichen Glückwunsch
zum Geburtstag!

_____

la bougie die Kerze
  Il y a combien de
  bougies sur le gâteau ?
  Wie viele Kerzen
  sind auf dem Kuchen?

le cadeau d'anniversaire
das Geburtstagsgeschenk
  Qu'est-ce qu'il y a
  dans les cadeaux
  d'anniversaire ?
  Was ist in den
  Geburtstags-
  geschenken?

_____

la carte d'anniversaire
die Geburtstagskarte
  Je reçois beaucoup
  de cartes
  d'anniversaire.
  Ich bekomme viele
  Geburtstagskarten.

_____

la chaise musicale
die Reise nach Jerusalem
  Mes amis aiment beaucoup
  jouer à la chaise musicale.
  Meine Freunde spielen gern
  die Reise nach Jerusalem.

_____

les chips (f) die Chips
  Alain adore les chips.
  Alain liebt Chips.

le coca (coke®) die Cola
Il y a une grosse bouteille de coca sur la table.
Auf dem Tisch steht eine große Flasche Cola.

_____

le couteau das Messer
Les couteaux sont à côté des fourchettes.
Die Messer sind neben den Gabeln.

_____

la cuillère der Löffel
Où sont les cuillères ?
Wo sind die Löffel?

_____

délicieux, délicieuse
lecker, köstlich
Les gâteaux de Mamie sont toujours délicieux.
Omas Kuchen sind immer lecker.

_____

faire un souhait
sich etwas wünschen
Souffle les bougies et fais un souhait !
Blas die Kerzen aus und wünsch dir was.

la fête d'anniversaire
die Geburtstagsparty
On s'amuse beaucoup à ma fête d'anniversaire.
Auf meiner Geburtstagsparty haben wir viel Spaß.

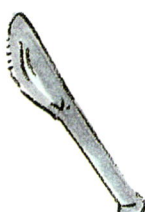

_____

la fourchette die Gabel
Mamie mange son morceau de gâteau avec une fourchette.
Oma isst ihr Stück Kuchen mit der Gabel.

_____

le gâteau d'anniversaire
der Geburtstagskuchen
La mousse au chocolat est à côté du gâteau d'anniversaire.
Die Schokoladenmousse ist neben dem Geburtstagskuchen.

_____

la glace das Eis
Il y a de la glace au chocolat et de la glace aux fraises.
Es gibt Schokoladeneis und Erdbeereis.

inviter einladen
**J'invite beaucoup d'amis
à ma fête d'anniversaire.**
Ich lade viele Freunde zu
meiner Geburtstagsparty ein.

la mousse au chocolat
die Schokoladenmousse
**Tu aimes la
mousse au chocolat ?**
Magst du Schokoladenmousse?

la limonade die Limonade
**Il y a aussi une grosse
bouteille de limonade.**
Es gibt auch eine große
Flasche Limonade.

la nappe das Tischtuch
**La nappe est sur
la table.**
Das Tischtuch ist
auf dem Tisch.

merci beaucoup
vielen Dank

Merci beaucoup !
Vielen Dank!

offrir schenken
**Maman et Papa
m'offrent un vélo.**
Mama und Papa
schenken mir
ein Fahrrad.

merci danke

**Merci
pour les cadeaux !**
Danke für die Geschenke!

le papier-cadeau
das Geschenkpapier
**J'aime beaucoup ce
papier-cadeau.**
Dieses Geschenkpapier
mag ich sehr.

recevoir bekommen
**Je reçois encore
un cadeau.**
Ich bekomme
noch ein Geschenk.

s'il te plaît bitte
> **Viens à ma fête**
> **d'anniversaire,**
> **s'il te plaît !**
> Komm bitte zu meiner
> Geburtstagsparty!

s'il vous plaît bitte
> **Venez manger,**
> **s'il vous plaît !**
> Kommt bitte zum Essen!

la saucisse das Würstchen
> **Toufou adore**
> **les saucisses.**
> Toufou liebt
> Würstchen.

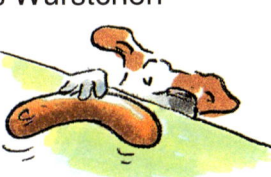

la serviette die Serviette
> **De quelle couleur**
> **sont les serviettes ?**
> Welche Farbe
> haben die
> Servietten?

souffler ausblasen
> **Je dois souffler**
> **les bougies.**
> Ich muss die
> Kerzen ausblasen.

la table der Tisch
> **Toufou se**
> **cache sous**
> **la table.**
> Toufou versteckt
> sich unterm Tisch.

la tasse die Tasse
> **Mamie boit une**
> **tasse de thé.**
> Oma trinkt eine
> Tasse Tee.

très sehr
> **Je suis très heureuse.**
> Ich bin sehr glücklich.

le verre das Glas

> **Tu veux un verre de coca ?**
> Willst du ein Glas Cola?

Noël

l'ange

la branche
de gui

le sapin de Noël

le Père Noël

le traîneau

le renne

la boule

la cheminée

le bonhomme
de neige

le rouge-gorge

la bûche de Noël

le houx

la dinde

le cadeau

la crèche

le marron

accrocher hängen

On accroche beaucoup
de boules sur
le sapin de Noël.
Wir hängen viele
Kugeln an den
Weihnachtsbaum.

le badminton der Federball

Maman m'offre un
jeu de badminton
pour Noël.
Mama schenkt mir
ein Federballspiel
zu Weihnachten.

l'ange (m) der Engel

On met un ange en
haut du sapin de Noël.
Wir setzen einen
Engel oben auf den
Weihnachtsbaum.

beaucoup de viele

Il y a beaucoup de
cadeaux sous
le sapin de Noël.
Unterm Weihnachtsbaum
sind viele Geschenke.

argenté, argentée silber

Alain aime les
boules argentées.
Alain mag die
silbernen Kugeln.

le bonhomme de neige
der Schneemann

Tu vois notre
bonhomme de neige ?
Siehst du unseren
Schneemann?

au milieu (de)
in der Mitte, mitten auf

Qu'est-ce qu'il y a
au milieu de la table ?
Was ist mitten
auf dem Tisch?

la boule die Kugel

Attention, Alain, ne
casse pas la boule !
Vorsicht, Alain,
zerbrich die Kugel nicht!

la branche de gui
der Mistelzweig

Tante Colette accroche toujours une branche de gui pour Noël.
Tante Colette hängt zu Weihnachten immer einen Mistelzweig auf.

briller glänzen

Les boules brillent dans le sapin de Noël.
Die Kugeln glänzen am Weihnachtsbaum.

la bûche de Noël
der Weihnachtskuchen

La bûche de Noël est mon gâteau préféré.
Der Weihnachtskuchen ist mein Lieblingskuchen.

le cadeau das Geschenk

Le Père Noël apporte les cadeaux aux enfants.
Der Weihnachtsmann bringt den Kindern die Geschenke.

la carte de Noël
die Weihnachtskarte

Tu reçois beaucoup de cartes de Noël ?
Bekommst du viele Weihnachtskarten?

la cheminée der Kamin

En hiver, Tigris aime dormir devant la cheminée.
Im Winter schläft Tigris gern vor dem Kamin.

la crèche die Krippe

La crèche est sous le sapin de Noël.
Die Krippe ist unter dem Weihnachtsbaum.

décorer schmücken

On aide toujours à décorer le sapin de Noël.
Wir helfen immer den Weihnachtsbaum zu schmücken.

le dessert die Nachspeise
**On va manger de la bûche
de Noël comme dessert.**
Wir werden den
Weihnachtskuchen zum
Nachtisch essen.

---

la dinde der Puter
**On a besoin d'une
très grosse dinde
pour notre famille.**
Wir brauchen einen
sehr großen Puter
für unsere Familie.

---

dire sagen
Qu'est-ce que tu dis ?
Was sagst du?

---

donner geben
**Donne-moi la boule rouge,
s'il te plaît !**
Gib mir bitte die rote Kugel!

---

doré, dorée gold
**Agnès préfère les
boules dorées.**
Agnès mag lieber
die goldenen Kugeln.

fêter feiern
**On fête Noël le
vingt-cinq décembre.**
Weihnachten feiern
wir am 25. Dezember.

---

le feu das Feuer
**À Noël, Oncle Jean-Pierre
fait toujours un beau
feu dans la cheminée.**
Weihnachten macht
Onkel Jean-Pierre
immer ein schönes
Feuer im Kamin.

---

le gâteau der Kuchen
**Mamie aime faire
des gâteaux.**
Oma backt gern Kuchen.

---

la glace das Eis
**Il y a de la glace
sur la fenêtre.**
Am Fenster ist Eis.

---

la guirlande die Girlande
**La guirlande argentée
est très jolie.**
Die silberne Girlande
ist sehr hübsch.

le houx die Stechpalme

Ne mange pas le houx !

Iss nicht die Stechpalme!

---

l'huître (f) die Auster

Ce n'est pas facile d'ouvrir une huître.

Es ist nicht leicht, eine Auster zu öffnen.

---

il fait froid es ist kalt

En hiver, il fait parfois très froid.

Im Winter ist es manchmal sehr kalt.

---

le jour de Noël
der 1. Weihnachtstag

Le jour de Noël, on fête chez Tante Colette et Oncle Jean-Pierre.

Den ersten Weihnachtstag feiern wir bei Tante Colette und Onkel Jean-Pierre.

Joyeux Noël !
Frohe Weihnachten!

le marron die Marone

La dinde avec des marrons, c'est délicieux !

Puter mit Maronen, das ist köstlich!

---

la neige der Schnee

Il y a beaucoup de neige dehors.

Draußen liegt viel Schnee.

Noël Weihnachten

Je me réjouis de fêter Noël.

Ich freue mich auf Weihnachten.

---

ouvrir aufmachen, öffnen

Brrr, il fait froid dehors ! N'ouvre pas la fenêtre !

Brr, draußen ist es kalt. Mach das Fenster nicht auf.

le pâté de foie gras
die Gänseleberpastete
Alain adore le pâté de foie gras.
Alain liebt Gänseleberpastete.

---

le Père Noël
der Weihnachtsmann
Tu crois au Père Noël ?
Glaubst du an den Weihnachtsmann?

---

le poivre der Pfeffer

Je peux avoir **le poivre**, s'il te plaît ?
Kann ich bitte den Pfeffer haben?

---

préférer lieber mögen
Tu préfères le rouge ou le bleu ?
Magst du lieber rot oder blau?

le renne das Rentier
Les rennes tirent le traîneau du Père Noël.
Die Rentiere ziehen den Schlitten vom Weihnachtsmann.

---

le réveillon de Noël
das Weihnachtsessen
On mange très tard le soir au réveillon de Noël.
Das Weihnachtsessen isst man sehr spät am Abend.

---

le rouge-gorge das Rotkehlchen
Regarde le joli rouge-gorge à la fenêtre !
Schau, das hübsche Rotkehlchen am Fenster!

---

s'embrasser küssen
Maman et Papa s'embrassent sous la branche de gui.
Mama und Papa küssen sich unterm Mistelzweig.

le sapin de Noël
der Weihnachtsbaum
**Notre sapin de Noël
est très beau.**
Unser Weihnachtsbaum
ist sehr schön.

tirer ziehen
**Qui tire le traîneau
du Père Noël ?**
Wer zieht den Schlitten
vom Weihnachtsmann?

la sauce die Soße
**Je mets beaucoup
de sauce sur mon
morceau de dinde.**
Ich gebe viel Soße
über mein Stück Puter.

le traîneau der Schlitten
**Le Père Noël apporte
les cadeaux dans
son traîneau.**
Der Weihnachts-
mann bringt die
Geschenke in
seinem Schlitten.

le sel das Salz
**Maman n'aime
pas le sel.**
Mama mag kein Salz.

la veille de Noël Heiligabend
**La veille de Noël,
on fait un grand
réveillon de Noël.**
An Heiligabend
gibt es ein großes
Festessen.

le tambour die Trommel
**Ce n'est pas une bonne
idée d'offrir un tambour
au bébé.**
Es ist keine gute
Idee, dem Baby
eine Trommel
zu schenken.

Opposés, nombres, couleurs, formes et mots utiles

noir

bleu

marron, brun

bleu marine

vert

gris

bleu clair

le cercle   le rectangle   le carré

le triangle

jaune

blanc

rouge

orange   rose   violet

opposés	Gegensätze

grand, **grande** groß

**Oncle Jean-Pierre
est grand.**
Onkel Jean-Pierre
ist groß.

petit, **petite** klein

Le bébé est petit.
Das Baby ist klein.

sucré, **sucrée** süß
Le sucre est sucré.
Zucker ist süß.

acide sauer
**Les citrons
sont acides.**
Zitronen sind sauer.

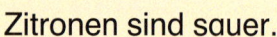

sale schmutzig
Le bébé est sale.
Das Baby
ist schmutzig.

propre sauber
Tigris est propre.
Tigris ist sauber.

mouillé, **mouillée** nass
L'eau est mouillée.
Wasser ist nass.

sec, **sèche** trocken
La serviette est sèche.
Das Handtuch ist trocken.

mince dünn
**Le serpent
est mince.**
Die Schlange ist dünn.

gros, **grosse** dick
**L'hippopotame
est gros.**
Das Nilpferd ist dick.

long, **longue** lang
**Le cou de
la girafe est long.**
Der Hals von
der Giraffe ist lang.

court, **courte** kurz
**Les pattes de
Madame Pavite
sont courtes.**
Die Beine von
Madame Pavite sind kurz.

facile einfach, leicht
C'est facile.
Das ist einfach.

difficile schwierig
C'est difficile.
Das ist schwierig.

rapide schnell

Le cheval est rapide.
Das Pferd ist schnell.

lent, **lente** langsam
La tortue est lente.
Die Schildkröte
ist langsam.

---

dur, **dure** hart
Le rocher est dur.
Der Fels ist hart.

mou, **mol**, **molle** weich
L'oreiller est mou.
Das Kopfkissen
ist weich.

---

vrai, **vraie** richtig
Cette réponse est vraie.
Diese Antwort ist richtig.

faux, **fausse** falsch
Cette réponse est fausse.
Diese Antwort ist falsch.

---

jeune jung
Agnès est jeune.
Agnès ist jung.

vieux, **vieil**, **vieille** alt
Mamie est vieille.
Oma ist alt.

clair, **claire** hell
Le ciel est clair.
Der Himmel ist hell.

sombre dunkel
Le ciel est sombre.
Der Himmel ist
dunkel.

---

bon, **bonne** gut
C'est une bonne idée.
Das ist eine gute Idee.

mauvais, **mauvaise** schlecht
C'est une mauvaise idée.
Das ist eine
schlechte Idee.

---

plein, **pleine** voll
Ce verre est plein.
Dieses Glas ist voll.

vide leer
Ce verre est vide.
Dieses Glas
ist leer.

---

beau, **bel**, **belle** schön
La princesse est belle.
Die Prinzessin
ist schön.

laid, **laide** hässlich

Le monstre est laid.
Das Monster
ist hässlich.

---

lourd, **lourde** schwer

Le sac est lourd.
Die Einkaufstüte
ist schwer.

léger, **légère** leicht

Le sac à dos est léger.
Der Rucksack
ist leicht.

---

riche reich
Le pirate est riche.
Der Pirat ist reich.

pauvre arm
Le vieil homme est pauvre.
Der alte Mann ist arm.

nombres	Zahlen
un	eins
deux	zwei
trois	drei
quatre	vier
cinq	fünf
six	sechs
sept	sieben
huit	acht
neuf	neun
dix	zehn

onze	elf
douze	zwölf
treize	dreizehn
quatorze	vierzehn
quinze	fünfzehn
seize	sechzehn
dix-sept	siebzehn
dix-huit	achtzehn
dix-neuf	neunzehn
vingt	zwanzig
trente	dreißig
quarante	vierzig
cinquante	fünfzig
soixante	sechzig
soixante-dix	siebzig
quatre-vingt	achtzig
quatre-vingt-dix	neunzig
cent	hundert

couleurs	Farben
blanc, blanche	weiß
bleu clair	hellblau
bleu marine	marineblau
bleu, bleue	blau
brun, brune	braun
gris, grise	grau
jaune	gelb
marron	braun
noir, noire	schwarz
orange	orange
rose	rosa
rouge	rot
vert, verte	grün
violet, violette	lila

formes — Formen

formes	Formen
le carré	das Quadrat
le cercle	der Kreis
le rectangle	das Rechteck
le triangle	das Dreieck

mots utiles — nützliche Wörter

mots utiles	nützliche Wörter
à côté de	neben
à, chez	an, bei, zu
à travers (de)	durch
au coin (de)	an der Ecke (von)
au-dessous (de), sous	unter
au-dessus (de)	über
autour (de)	herum
avec	mit
comme	wie
dans	in
de	von
dedans	drinnen
dehors	draußen
derrière	hinter
devant	vor
en bas	(nach) unten
en face (de)	gegenüber
en haut	(nach) oben
entre	zwischen
et	und
mais	aber
ou	oder
où	wo
parce que	weil
peut-être	vielleicht
pour	für
près (de)	nahe bei
quand	als, wenn
sur	auf
tout droit	geradeaus
trop	zu viel
vers, à	zu

pronoms — Pronomen

pronoms	Pronomen
je, j'	ich
tu	du
il, elle, on	er, sie, man, wir
nous	wir
vous	Sie, ihr
ils, elles	sie

possessifs — Possessivbegleiter

possessifs	Possessivbegleiter
mon, ma, mes	mein(e)
ton, ta, tes	dein(e)
son, sa, ses	ihr(e), sein(e)
notre, nos	unser(e)
votre, vos	euer(e)
leur, leurs	ihr(e)

interrogatifs — Fragewörter

interrogatifs	Fragewörter
combien	wie viel
comment	wie
où	wo
pourquoi	warum
qu'est-ce que, quoi	was
quand	wann
quel, quelle, quels	welche(-r, -s)
qui	wer

A

à [a] an, bei, zu **153**

à bientôt [a bjɛ̃to] bis bald **62**

à côté (de) [a kote (də)]
neben **24, 153**

à droite [a drwat] rechts **92**

à gauche [a goʃ] links **92**

à la maison [a la mɛzõ] zu
Hause **14, 16**

à pied [a pje] zu Fuß **54**

à rayures [a rɛjyr] gestreift **46**

à travers (de) [a travɛr (də)]
durch **153**

l'abeille (f) [l‿abɛj]
die Biene **14, 16**

aboyer [abwaje] bellen **100**

accrocher [akrɔʃe] hängen **142**

acheter [aʃte] kaufen **86**

acide [asid] sauer **150**

adorer [adɔre] lieben **38**

l'adresse (f) [l‿adrɛs]
die Adresse **16**

l'agneau (m) [l‿aɲo]
das Lamm **99, 100**

aider [ɛde] helfen **62**

aïe ! [aj] autsch! **30**

aimer [ɛme] mögen **37, 38**

l'allemand (m) [l‿almã]
Deutsch **8**

aller [ale] 1. gehen 2.
werden **114**

aller en vacances [ale ã vakãs]
in Urlaub fahren **128**

l'alphabet (m) [l‿alfabɛ]
das Alphabet **62**

l'ambulance (f) [l‿ãbylãs]
der Krankenwagen **91, 92**

l'ami (m) [l‿ami] der Freund **6, 8**

l'an (m) [l‿ã] das Jahr **120**

l'ananas (m) [l‿anana]
die Ananas **78**

l'ange (m) [l‿ãʒ] der Engel **140,
142**

l'anglais (m) [l‿ãglɛ]
Englisch **62**

l'Angleterre (f) [l‿ãglətɛr]
England **128**

l'animal (m) [l‿animal]
das Tier **100**

l'année (f) [l‿ane] das Jahr **120**

l'anniversaire (m) [l‿anivɛrsɛr]
der Geburtstag **136**

août [u, ut] August **125**

l'appareil photo (m)
[l‿aparɛj fɔto]
der Fotoapparat **126, 128**

l'appartement (m) [l‿apartəmã]
die Wohnung **16**

apporter [apɔrte] bringen **46**

apprendre [aprãdrə] lernen **62**

après [aprɛ] nach **54**

l'après-midi (m) [l‿aprɛmidi]
der Nachmittag **54**

l'aquarium (m) [l‿akwarjɔm]
das Aquarium **106**

l'araignée (f) [l‿arɛɲe]
die Spinne **14, 16**

l'arbre (m) [l‿arbrə]
der Baum **16**

l'arc-en-ciel (m) [l‿arkãsjɛl]
der Regenbogen **118, 120**

l'argent (m) [l‿arʒã]
das Geld **85, 86**

argenté [arʒãte] silber **142**

l'armoire (f) [l‿armwar]
der Kleiderschrank **44, 46**

l'arrêt de bus (m) [l‿arɛ də bys]
die Bushaltestelle **90, 92**

les arts plastiques (m)
[lez‿ar plastik] Kunst **62**

l'assiette (f) [l‿asjɛt]
der Teller **135, 136**

attendre [atãdrə] warten **114**

attention [atãsjõ] Vorsicht **100**

attraper [atrape] fangen **72**

au coin (de) [o kwɛ̃ (də)] an der
Ecke (von) **92, 153**

au milieu (de) [o miljø (də)] in
der Mitte, mitten auf **142**

au revoir [o r(ə)vwar] auf
Wiedersehen **54**

au-dessous (de) [odsu də]
unter **153**

au-dessus (de) [odsy də]
über **153**

aujourd'hui [oʒurd‿ɥi]
heute **125**

aussi [osi] auch **8**

l'auto tamponneuse (f)
[l‿oto tãpɔnøz]
der Autoskooter **113, 114**

l'automne (m) [l‿otɔn]
der Herbst **125**

autour (de) [otur (də)]
herum **153**

avant [avã] vor **54**

avec [avɛk] mit **54, 153**

l'avion (m) [l‿avjõ]
das Flugzeug **127, 128**

avoir [avwar] haben **8**

avoir besoin de [avwar bəzwɛ̃ də]
brauchen **86**

avoir chaud [avwar ʃo] j-m warm
sein **30**

avoir faim [avwar fɛ̃] hungrig
sein **38**

avoir froid [avwar frwa] j-m kalt
sein **30**

avoir mal [avwar mal]
wehtun **30**

avoir peur [avwar pœr] Angst
haben **38**

avoir soif [avwar swaf] durstig
sein **38**

avril [avril] April **125**

B

le badminton [lə badmintɔn]
der Federball **142**

la baguette [la bagɛt]
die Baguette **78**

la baguette magique
[la bagɛt maʒik]
der Zauberstab **113, 114**

la baignoire [la bɛɲwar]
die Badewanne **16**

la balançoire [la balãswar]
die Schaukel **14, 16**

le balcon [lə balkõ]
der Balkon **16**

la baleine [la balɛn]
der Wal **127, 128**

la balle de tennis [la bal də tɛnis]
der Tennisball **24**

le ballon [lə balõ] der Ball **22,
24;** der Luftballon **134, 136**

la banane [la banan]
die Banane **77, 78**

le banc [lə bã]
die (Park)Bank **91, 92**

le bandage [lə bãdaʒ]
der Verband **29, 30**

la banque [la bãk] die Bank **92**

la barbe [la barb] der Bart **7, 8**

la barbe à papa [la barb‿a papa]
die Zuckerwatte **113, 114**

le basket (basket-ball)
[lə baskɛt] der Basketball **71, 72**

les baskets (f) [le baskɛt]
die Turnschuhe **44, 46**

le bâtiment [lə batimɑ̃]
das Gebäude **92**

la BD (bande dessinée) [la bede]
das Comicheft **22, 24**

beau [bo] schön **38, 151**

beaucoup [boku] sehr **38**

beaucoup de [boku də]
viele **142**

le bébé [lə bebe] das Baby **7, 8**

le béret [lə berɛ]
die Baskenmütze **46**

Beurk ! [bœrk] Igitt! **106**

le beurre [lə bœr] die Butter **78**

la bibliothèque [la biblijɔtɛk]
die Bücherei, die Bibliothek **38**

bien [bjɛ̃] gut **8**

bien sûr [bjɛ̃ syr] natürlich **106**

le bikini [lə bikini] der Bikini **128**

le billet [lə bijɛ]
die Fahrkarte **112, 114**

le biscuit [lə biskɥi] der Keks **78**

la blague [la blag] der Witz **38**

blanc [blɑ̃] weiß **149, 152**

le bleu [lə blø] der blaue
Fleck **30**

bleu [blø] blau **148, 152**

bleu clair [blø klɛr]
hellblau **148, 152**

bleu marine [blø marin]
marineblau **148, 152**

blond [blɔ̃] blond **30**

boire [bwar] trinken **78**

la boisson [la bwasɔ̃]
das Getränk **78**

la boîte [la bwat]
die Schachtel **22, 24**; die
Dose **84, 86**

la boîte aux lettres
[la bwat‿o lɛtrə]
der Briefkasten **90, 92**

bon [bɔ̃] lecker **78**; gut **151**

Bon anniversaire
[bɔn‿aniversɛr!] Herzlichen
Glückwunsch zum
Geburtstag! **136**

bon appétit [bɔn‿apeti] guten
Appetit **38**

le bonbon [lə bɔ̃bɔ̃]
das Bonbon **77, 78**

le bonhomme de neige
[lə bɔnɔm də nɛʒ]
der Schneemann **141, 142**

bonjour [bɔ̃ʒur] guten Tag **8**

bonne journée [bɔn ʒurne]
einen schönen Tag **54**

bonne nuit [bɔn nɥi] gute
Nacht **54**

les bottes (f) [le bɔt]
die Stiefel **44, 46**

la bouche [la buʃ] der Mund **28, 30**

bouclé [bukle] lockig **30**

la boue [la bu] der Dreck **100**

la bougie [la buʒi]
die Kerze **135, 136**

la boulangerie [la bulɑ̃ʒri]
die Bäckerei **92**

la boule [la bul] die Kugel **140, 142**

la boule de neige [la bul də nɛʒ]
der Schneeball **120**

la bouteille [la butɛj]
die Flasche **84, 86**

le bouton [lə butɔ̃]
der Knopf **45, 46**

le bracelet [lə braslɛ]
das Armband **46**

la branche [la brɑ̃ʃ] der Ast **104, 106**

la branche de gui [la brɑ̃ʃ də gi]
der Mistelzweig **140, 143**

le bras [lə bra] der Arm **29, 30**

briller [brije] glänzen **143**

la brosse [la brɔs]
die Haarbürste **15, 16**

la brosse à dents [la brɔs a dɑ̃]
die Zahnbürste **53, 55**

le brouillard [lə brujar]
der Nebel **120**

brun [brœ̃, brɛ̃] braun **152**

bruyant [brɥijɑ̃] laut **39**

la bûche de Noël [la byʃ də nɔɛl]
der Weihnachtskuchen **141, 143**

le bureau [lə byro]
der Schreibtisch **24**

le bus [lə bys] der Bus **91, 93**

le but [lə byt] das Fußballtor **70, 72**

C

ça [sa] das **8**

la cabine téléphonique
[la kabin telefɔnik]
die Telefonzelle **90, 93**

cacher [kaʃe] verstecken **128**

le caddie [lə kadi]
der Einkaufswagen **84, 86**

le cadeau [lə kado]
das Geschenk **141, 143**

le cadeau d'anniversaire
[lə kado d‿aniversɛr] das
Geburtstagsgeschenk **135, 136**

le café [lə kafe] der Kaffee **78**;
das Café **106**

la cage [la kaʒ] der Käfig **61, 62**

le cahier [lə kaje] das Heft **62**

la caisse [la kɛs]
die (Supermarkt) Kasse **86**

la calculatrice [la kalkylatris]
der Taschenrechner **61, 62**

le caleçon de bain
[lə kalsɔ̃ də bɛ̃]
die Badehose **128**

le calendrier [lə kalɑ̃drije]
der Kalender **119, 120**

le camion [lə kamjɔ̃]
der Lastwagen **93**

la campagne [la kɑ̃paɲ]
das Land, die Landschaft **17**

le canapé [lə kanape]
das Sofa **17**

le canard [lə kanar] die Ente **99, 100**

la cantine [la kɑ̃tin]
die Kantine **55**

la carotte [la karɔt]
die Karotte **86**

le carré [lə kare]
das Quadrat **149, 153**

le cartable [lə kartabl]
die Schultasche **46**

la carte [la kart]
die Landkarte **61, 63**

la carte d'anniversaire
[la kart d‿aniversɛr]
die Geburtstagskarte **135, 136**

la carte de Noël [la kart də nɔɛl]
die Weihnachtskarte **143**

la carte postale [la kart pɔstal]
die Postkarte **126, 128**

la casquette [la kaskɛt]
die Mütze **47**

casser [kase] kaputtmachen **24**

la cassette [la kasɛt]
die Kassette **24**

la cave [la kav] der Keller **17**

le CD [lə sede] die CD **24**

ce [sə] diese (r, s) **55**

ce soir [sə swar] heute
Abend **55**

la ceinture [la sɛtyr]
der Gürtel **45, 47**

célèbre [selɛbr(ə)] berühmt **39**

cent [sã] hundert **152**

le cercle [lə sɛrkl] der Kreis **149,
153**

le cerf-volant [lə sɛrvɔlã]
der Drachen **118, 120**

c'est [sɛ] das ist **8**

c'est amusant [sɛ amyzã] es
macht Spaß **36, 39**

la chaise [la ʃɛz] der Stuhl **23, 24**

la chaise longue [la ʃɛz lõg]
der Liegestuhl **14, 17**

la chaise musicale
[la ʃɛz myzikal] die Reise nach
Jerusalem **136**

la chambre [la ʃãbrə]
das Schlafzimmer **17**;
das Zimmer **25**

le chameau [lə ʃamo]
das Kamel **105, 106**

le champ [lə ʃã] das Feld **100**

chanter [ʃãte] singen **71, 72**

le chapeau [lə ʃapo] der Hut **47**

le chat [lə ʃa] die Katze **7, 8**

le château [lə ʃato]
das Schloss **129**

le château de sable
[lə ʃato də sabl]
die Sandburg **126, 128**

le château-trampoline
[le ʃato trãpɔlin]
die Hüpfburg **112, 114**

chaud [ʃo] heiß **129**

la chaussette [la ʃosɛt]
die Socke **44, 47**

le chausson [lə ʃosõ]
der Hausschuh **45, 47**

la chaussure [la ʃosyr]
der Schuh **45, 47**

la chauve-souris [la ʃovsuri]
die Fledermaus **99, 100**

la cheminée [la ʃəmine]
der Schornstein **15, 17**; der
Kamin **140, 143**

la chemise [la ʃəmiz]
das Hemd **47**

chercher [ʃɛrʃe] suchen **17**

le cheval [lə ʃəval] das Pferd **99,
100**

le chevalier [lə ʃəvalje]
der Ritter **72**

les cheveux (m) [le ʃəvø]
das Haar **28, 30**

la chèvre [la ʃɛvrə] die Ziege **98,
100**

chez [ʃe] zu, bei **25**; an, bei,
zu **153**

le chien [lə ʃjɛ̃] der Hund **7, 8**

les chips (f) [le ʃips]
die Chips **136**

le chocolat [lə ʃɔkɔla]
die Schokolade **76, 79**

le chocolat chaud [lə ʃɔkɔla ʃo]
die heiße Schokolade **79**

le chou-fleur [lə ʃuflœr]
der Blumenkohl **85, 86**

le chouchou [lə ʃuʃu]
der Liebling **63**

chouette [ʃwɛt] toll **39**

chuchoter [ʃyʃɔte] flüstern **63**

le ciel [lə sjɛl] der Himmel **120**

le cinéma [lə sinema]
das Kino **93**

cinq [sɛ̃k, sɛ̃] fünf **152**

cinquante [sɛ̃kãt] fünfzig **152**

le cintre [lə sɛ̃trə]
der Kleiderbügel **44, 47**

la circulation [la sirkylasjõ]
der Verkehr **93**

les ciseaux (m) [le sizo]
die Schere **61, 63**

le citron [lə sitrõ] die Zitrone **76,
79**

clair [klɛr] hell **120, 151**

la classe [la klas] die Klasse **63**

le clavier [lə klavje]
die Tastatur **22, 25**

la clé [la kle] der Schlüssel **15,
17**

le client [lə klijã] der Kunde **86**

la cloche [la klɔʃ] die Glocke **60,
63**

les cloches de Pâques (f)
[le klɔʃ də pak]
die Osterglocken **119, 120**

la clôture [la klotyr]
der Zaun **98, 101**

le clown [lə klun]
der Clown **112, 114**

le coca [lə koka] die Cola **137**

le cochon [lə kɔʃõ]
das Schwein **98, 101**

le collant [lə kɔlã]
die Strumpfhose **47**

la colle [la kɔl] der Klebstoff **60,
63**

collectionner [kɔlɛksjɔne]
sammeln **72**

le collier [lə kɔlje]
die Halskette **45, 47**

la colline [la kolin]
der Hügel **101**

combien [kõbjɛ̃] wie viel **87, 153**

comme [kɔm] wie **153**

commencer [kɔmãse]
anfangen **55**

comment [kɔmã] wie **153**

comprendre [kõprãdrə]
verstehen **106**

le conducteur de bus
[lə kõdyktœr də bys]
der Busfahrer **93**

conduire [kõdɥir] fahren **93**

la confiture [la kõfityr]
die Marmelade **79**

connaître [kɔnɛtrə] kennen **63**

construire [kõstrɥir] bauen **129**

content [kõtã] zufrieden **39**

le contrôle [lə kõtrol]
die Klassenarbeit **63**

le copain [lə kɔpɛ̃]
der Freund **63**

le coq [lə kɔk] der Hahn **99, 101**

le coquillage [lə kokijaʒ]
die Muschel **127, 129**

le corps [lə kɔr] der Körper **31**

le cou [lə ku] der Hals **31**

le coude [lə kud]
der Ellbogen **28, 31**

les couleurs [le kulœr]
die Farben **152**

la coupe [la kup] die Schüssel,
die Schale **79**

couper [kupe] schneiden **64**

la cour de l'école
[la kur də l_ekɔl]
der Schulhof **64**

courir [kurir] laufen **71, 72**

la **couronne** [la kurɔn]
die Krone **53, 55**
le **cours** [lə kur]
die Unterrichtsstunde **64**
la **course** [la kurs]
das Wettrennen **106**
court [kur] kurz **150**
le **cousin** [kuzɛ̃] der Cousin **9**
le **couteau** [lə kuto]
das Messer **134, 137**
la **couverture** [la kuvɛrtyr]
die Decke **48**
le **cow-boy** [lə kobɔj]
der Cowboy **113, 114**
le **crabe** [lə krab]
die Krabbe **126, 129**
la **craie** [la krɛ] die Kreide **64**
la **cravate** [la kravat]
die Krawatte **48**
le **crayon** [lə krɛjɔ̃]
der Bleistift **61, 64**
la **crèche** [la krɛʃ]
die Krippe **141, 143**
la **crème** [la krɛm] die Sahne **79**
la **crème solaire** [la krɛm sɔlɛr]
die Sonnencreme **129**
la **crêpe** [la krɛp] der Crêpe **37, 39**
la **crinière** [la krinjɛr]
die Mähne **106**
le **crocodile** [lə krɔkɔdil]
das Krokodil **105, 107**
croire [krwar] glauben **39**
le **croissant** [lə krwasɑ̃]
das Croissant **79**
la **cuillère** [la kɥijɛr]
der Löffel **135, 137**
la **cuisine** [la kɥizin]
die Küche **17**

D

d'abord [d_abɔr] zuerst **115**
dangereux [dɑ̃ʒrø]
gefährlich **107**
dans [dɑ̃] in **153**
danser [dɑ̃se] tanzen **72**
le **dauphin** [lə dofɛ̃]
der Delfin **127, 129**
de [də] von **153**
décembre [desɑ̃brə]
Dezember **125**

décorer [dekɔre]
schmücken **143**
dedans [dədɑ̃] drinnen **153**
le **défilé** [lə defile]
die Parade **118, 121**
dehors [dəɔr] draußen **153**
le **déjeuner** [lə deʒœne]
das Mittagessen **55**
délicieux [delisjø] lecker,
köstlich **137**
demain [dəmɛ̃] morgen **125**
demander [dəmɑ̃de] fragen **64**
la **dent** [la dɑ̃] der Zahn **52, 55**
le **dentifrice** [lə dɑ̃tifris]
die Zahnpasta **53, 55**
le **dentiste** [lə dɑ̃tist]
der Zahnarzt **37, 39**
dernier [dɛrnje] letzte (r, s) **115**
le **derrière** [lə dɛrjɛr] der Po, der
Hintern **31**
derrière [dɛrjɛr] hinter **153**
les **dés** (m) [le de]
die Würfel **23, 25**
le **désordre** [lə dezɔrdrə]
die Unordnung **48**
le **dessert** [lə desɛr]
die Nachspeise **144**
dessiner [desine] zeichnen,
malen **72**
détester [deteste] hassen **39**
deux [dø] zwei **152**
devant [dəvɑ̃] vor **153**
deviner [dəvine] erraten **64**
devoir [dəvwar] müssen **31**
le **devoir** [lə dəvwar]
die Hausaufgaben **55**
le **dictionnaire** [lə diksjɔnɛr]
das Lexikon, das
Wörterbuch **61, 64**
difficile [difisil] schwierig **150**
dimanche [dimɑ̃ʃ] Sonntag **125**
la **dinde** [la dɛ̃d] der Puter **141, 144**
le **dîner** [lə dine]
das Abendessen **53, 56**
le **dinosaure** [lə dinɔsɔr]
der Dinosaurier **23, 25**
dire [dir] sagen **144**
dix [dis, di] zehn **152**
dix-huit [diz_ɥit] achtzehn **152**
dix-neuf [diznœf] neunzehn **152**
dix-sept [disɛt] siebzehn **152**
le **doigt** [lə dwa] der Finger **31**
donner [dɔne] geben **144**

donner à manger [dɔne a mɑ̃ʒe]
füttern **107**
doré [dɔre] gold **144**
dormir [dɔrmir] schlafen **53, 56**
le **dos** [lə do] der Rücken **31**
la **douche** [la duʃ]
die Dusche **18**
douze [duz] zwölf **152**
le **dragon** [lə dragɔ̃]
der Drache **70, 72**
le **drapeau** [lə drapo] die Fahne,
Flagge **126, 129**
drôle [drol] lustig **115**
dur [dyr] hart **151**

E

l'**eau** (f) [l_o] das Wasser **79**
l'**écharpe** (f) [l_eʃarp]
der Schal **44, 48**
l'**échelle** (f) [l_eʃɛl]
die Leiter **14, 18**
l'**éclair** (m) [l_eklɛr]
der Blitz **118, 121**
l'**école** (f) [l_ekɔl] die Schule **64**
écouter [ekute] zuhören **73**
écrire [ekrir] schreiben **64**
l'**écureuil** (m) [l_ekyrœj]
das Eichhörnchen **14, 18**
l'**église** (f) [l_egliz]
die Kirche **93**
l'**éléphant** (m) [l_elefɑ̃]
der Elefant **104, 107**
l'**élève** (m/f) [l_elɛv] der Schüler,
die Schülerin **65**
elle [ɛl] sie **153**
l'**emploi du temps** (m)
[l_ɑ̃plwa dy tɑ̃]
der Stundenplan **65**
en bas [ɑ̃ ba] unten **18**; (nach)
unten **153**
en face (de) [ɑ̃ fas (də)]
gegenüber **153**
en haut [ɑ̃ o] oben **18**; (nach)
oben **153**
encore [ɑ̃kɔr] noch mal,
wieder **115**
l'**enfant** (m/f) [l_ɑ̃fɑ̃] das Kind **9**
ennuyeux [ɑ̃nɥijø] langweilig **39**
enseigner [ɑ̃sɛɲe]
unterrichten **65**
ensoleillé [ɑ̃sɔlɛje] sonnig **121**

entendre [ɑ̃tɑ̃drə] hören **31**
entre [ɑ̃trə] zwischen **153**
l'entrée (f) [l‿ɑ̃tre] der Flur **18;** der Eingang **87**
l'épaule (f) [lepol] die Schulter **31**
l'épée (f) [l‿epe] das Schwert **71, 73**
l'épouvantail (m) [l‿epuvɑ̃taj] die Vogelscheuche **99, 101**
l'équipe (f) [l‿ekip] die Mannschaft **73**
l'escalier (m) [l‿ɛskalje] die Treppe **18, 129**
l'escargot (m) [l‿ɛskargo] die Schnecke **101**
essayer [esɛje] anprobieren **48**
l'essence (f) [l‿esɑ̃s] das Benzin **93**
est [ɛ] ist **9**
et [e] und **153**
l'étagère (f) [l‿etaʒɛr] das Regal **25**
l'étang (m) [l‿etɑ̃] der Teich **93**
l'été (m) [l‿ete] der Sommer **125**
éternuer [eternɥe] niesen **31**
l'étoile (f) [l‿etwal] der Stern **52, 56**
l'étoile de mer (f) [l‿etwal də mer] der Seestern **127, 129**
être [ɛtrə] sein **9**
être assis [ɛtr‿asi] sitzen **25**
être d'accord [ɛtrə dakɔr] zustimmen **40**
être désolé [ɛtrə dezole] Leid tun **40**
excuse-moi [ɛkskyz mwa] Entschuldigung **107**
excusez-moi [ɛkskyze mwa] Entschuldigen Sie **107**

F

facile [fasil] einfach, leicht **150**
faire [fɛr] machen **65**
faire du ski [fɛr dy ski] Ski laufen **121**
faire du sport [fɛr dy spɔr] Sport treiben **73**
faire du vélo [fer dy velo] Rad fahren **70, 73**
faire la cuisine [fɛr la kɥizin] kochen **73**
faire la queue [fer la kø] sich anstellen **115**
faire la vaisselle [fɛr la vɛsɛl] abspülen **40**
faire les courses [fɛr le kurs] einkaufen gehen **87**
faire un câlin [fɛr œ̃ kalɛ̃] umarmen **40**
faire un souhait [fɛr œ̃ suɛ] sich etwas wünschen **137**
faire une promenade [fɛr yn prɔmnad] spazieren gehen **56**
la famille [la famij] die Familie **9**
le fantôme [lə fɑ̃tom] das Gespenst, der Geist **112, 115**
la farine [la farin] das Mehl **79**
fatigué [fatige] müde **40, 56**
le fauteuil [lə fotœj] der Sessel **14, 18**
faux [fo] falsch **65, 151**
la fée [la fe] die Fee **73**
la femme [la fam] die Ehefrau **9;** die Frau **9**
la fenêtre [la fənɛtrə] das Fenster **25**
fermé [fɛrme] geschlossen **87**
la ferme [la fɛrm] der Bauernhof **101**
fermer [fɛrme] zumachen, schließen **107**
le fermier [lə fermje] der Bauer **101**
la fête d'anniversaire [la fɛt d‿anivɛrsɛr] die Geburtstagsparty **137**
la fête foraine [la fɛt fɔren] der Rummelplatz **112, 115**
la fête nationale [la fɛt nasjɔnal] der Nationalfeiertag **121**
fêter [fɛte] feiern **144**
le feu [lə fø] die Ampel **91, 94;** das Feuer **144**
le feu d'artifice [lə fø d‿artifis] das Feuerwerk **121**
la feuille [la fœj] das Blatt **104, 107**
le feutre [lə føtrə] der Filzstift **60, 65**
la fève [la fɛv] der Bohnenkern **121**
février [fevrije] Februar **125**
la fièvre [la fjɛvrə] das Fieber **32**
la fille [la fij] die Tochter **6, 9;** das Mädchen **6, 9**
le fils [lə fis] der Sohn **9**
la flaque [la flak] die Pfütze **121**
la fleur [la flœr] die Blume **18**
le flocon de neige [lə flɔkõ də nɛʒ] die Schneeflocke **119, 122**
la fontaine [la fõtɛn] der Brunnen **90, 94**
le foot (football) [lə fut, lə futbol] der Fußball **71, 73**
la forêt [la fɔrɛ] der Wald **71, 73**
formes [le fɔrm] Formen **153**
fort [fɔr] laut **73**
la fourchette [la furʃɛt] die Gabel **134, 137**
frais [frɛ] frisch **87**
la fraise [la frɛz] die Erdbeere **77, 79**
la framboise [la frɑ̃bwaz] die Himbeere **80**
le français [lə frɑ̃sɛ] Französisch **9**
la France [la frɑ̃s] Frankreich **10**
le frère [lə frɛr] der Bruder **10**
le frigo [lə frigo] der Kühlschrank **80**
froid [frwa] kalt **122**
le fromage [lə frɔmaʒ] der Käse **76, 80**
le fruit [lə frɥi] das Obst **80**
furieux [fyrjø] wütend **40**

G

gagner [gaɲe] gewinnen **115**
la galette des rois [la galet de rwa] der Dreikönigskuchen **118, 122**
les gants (m) [le gɑ̃] die Handschuhe **44, 48**
le garage [lə garaʒ] die Garage **18**
le garçon [lə garsõ] der Junge **7, 10**
garder [garde] halten, festhalten **130**
le gardien [lə gardjɛ̃] der Wärter **108**

le gardien de but
[lə gardjɛ̃ də byt]
der Torwart **70, 74**
la gare [la gar] der Bahnhof **94**
le gâteau [lə gato]
der Kuchen **144**
le gâteau d'anniversaire
[lə gato d‿aniversɛr]
der Geburtstagskuchen **134, 137**
le géant [lə ʒeã] der Riese **70, 74**
geler [ʒəle] frieren **122**
le genou [lə ʒənu] das Knie **29, 32**
les gens (m) [le ʒã]
die Menschen, die Leute **115**
gentil [ʒãti] nett **10**
la géographie [la ʒeɔgrafi]
Erdkunde **65**
la girafe [la giraf]
die Giraffe **104, 108**
la glace [la glas] das Eis **134, 137, 144**
glisser [glise] rutschen **115**
le globe [lə glɔb] der Globus **61, 65**
la gomme [la gɔm]
der Radiergummi **65**
la gorge [la gɔrʒ] der Hals **32**
le gorille [lə gɔrij]
der Gorilla **104, 108**
goûter [gute] kosten **40**
grand [grã] groß **150**
la grand-mère [la grãmɛr]
die Großmutter **6, 10**
le grand-père [lə grãpɛr]
der Großvater **6, 10**
la grande roue [la grãd ru]
das Riesenrad **113, 116**
les grands-parents (m)
[le grãparã] die Großeltern **10**
la grange [la grãʒ]
die Scheune **101**
le grenier [lə grənje]
der Dachboden **19**
la grenouille [la grənuij]
der Frosch **98, 101**
grimper [grɛ̃pe] klettern **10**
gris [gri] grau **148, 152**
gros [gro] dick, groß **108**; dick **150**
la grotte [la grɔt] die Höhle **130**

la guirlande [la girlãd]
die Girlande **144**
la guitare [la gitar]
die Gitarre **70, 74**

H

habiter [abite] wohnen, leben **19**
le hamster [lə amster]
der Hamster **61, 65**
l'hélicoptère (m) [l‿elikɔptɛr]
der Hubschrauber **40**
l'herbe (f) [l‿ɛrb] das Gras **15, 19**
le hérisson [lə erisõ]
der Igel **98, 102**
l'heure (f) [l‿œr] die Stunde **56**
heureux [œrø] glücklich **40**
le hibou [lə ibu] die Eule **99, 102**
hier [jɛr] gestern **125**
l'hippocampe (m) [l‿ipɔkãp]
das Seepferdchen **130**
l'hippopotame (m) [l‿ipɔpɔtam]
das Nilpferd **105, 108**
l'histoire (f) [l‿istwar]
Geschichte **66**;
die Geschichte **74**
l'hiver (m) [l‿ivɛr]
der Winter **125**
l'homme (m) [l‿ɔm] der Mann **10**
l'hôpital (m) [l‿ɔpital]
das Krankenhaus **94**
l'hôtel (m) [l‿otɛl]
das Hotel **126, 130**
le houx [lə u]
die Stechpalme **141, 145**
huit [ɥit, ɥi] acht **152**
l'huître (f) [l‿ɥitrə]
die Auster **145**

I

ici [isi] hier **130**
l'idée (f) [l‿ide] die Idee **130**
il [il] er **153**
il fait chaud [il fɛ ʃo] es ist
heiß **130**
il fait froid [il fɛ frwa] es ist
kalt **145**
il faut [il fo] man muss **94**
il y a [il‿ja] es gibt **19**

l'île (f) [lil] die Insel **127, 130**
ils [il] sie **153**
l'imperméable (m) [l‿ɛ̃pɛrmeabl]
der Regenmantel **122**
l'insecte (m) [l‿ɛ̃sɛkt]
das Insekt **108**
intelligent [inteliʒã] klug **41**
intéressant [interɛsã]
interessant **41**
interrogatifs [ɛ̃tɛrɔgatif]
Fragewörter **153**
inviter [ɛ̃vite] einladen **138**

J

la jambe [la ʒãb] das Bein **29, 32**
le jambon [lə ʒãbõ]
der Schinken **87**
janvier [ʒãvje] Januar **125**
le jardin [lə ʒardɛ̃]
der Garten **19**
jardiner [ʒardine] im Garten
arbeiten **74**
jaune [ʒon] gelb **149, 152**
je (j') [ʒə (ʒ‿)] ich **153**
je voudrais [ʒə vudre] ich
möchte **87**
le jean [lə dʒin] die Jeans **48**
le jeu [lə ʒø] das Spiel **22, 25**
le jeu vidéo [lə ʒø video]
das Computerspiel **25**
jeudi [ʒødi] Donnerstag **125**
jeune [ʒœn] jung **108, 151**
joli [ʒɔli] hübsch **48**
jouer [ʒwe] spielen **74**
jouer à cache-cache
[ʒwe a kaʃkaʃ] Verstecken
spielen **41**
le jouet [lə ʒwɛ]
das Spielzeug **26**
le joueur de tennis
[lə jwœr də tenis]
der Tennisspieler **70, 74**
le jour [lə ʒur] der Tag **56**
le jour de Noël [lə ʒur də nɔɛl]
der 1. Weihnachtstag **145**
le journal [lə ʒurnal]
die Zeitung **85, 87**; das
Tagebuch **122**
la journée [la ʒurne] der Tag **56**
les jours [le ʒur] die Tage **125**
Joyeux Noël [ʒwajø nɔɛl!] Frohe
Weihnachten! **145**

juillet [ʒɥijɛ] Juli **125**
juin [ʒɥɛ̃] Juni **125**
les jumeaux [le ʒymo]
   die Zwillinge **10**
la jungle [la ʒœ̃gl]
   der Dschungel **108**
la jupe [la ʒyp] der Rock **48**
le jus [lə ʒy] der Saft **80**
le jus d'orange [lə ʒy d‿ɔrãʒ]
   der Orangensaft **80**

K

le kangourou [lə kãguru]
   das Känguru **108**

L

laid [lɛ] hässlich **152**
le lait [lə lɛ] die Milch **80**
la laitue [la lɛty]
   der Kopfsalat **85, 87**
la lampe [la lãp] die Lampe **23, 26**
lancer [lãse] werfen **74**
la langue [la lãg]
   die Sprache **66**
le lapin [lə lapɛ̃]
   das Kaninchen **99, 102**
le lavabo [lə lavabo]
   das Waschbecken **19**
le lecteur de CD
   [lə lɛktœr də sede] der CD-
   Player **26**
léger [leʒɛr] leicht **152**
le légume [lə legym]
   das Gemüse **88**
lent [lã] langsam **151**
la lettre [la lɛtrə]
   der Buchstabe **66;**
   der Brief **94**
leur [lœr] ihr(e) **153**
le lézard [lə lezar]
   die Eidechse **108**
la librairie [la librɛri]
   die Buchhandlung **94**
la licorne [la likɔrn]
   das Einhorn **109**
la limonade [la limɔnad]
   die Limonade **138**
le lion [lə ljõ] der Löwe **105, 109**

lire [lir] lesen **10**
la liste des courses
   [la list de kurs]
   die Einkaufsliste **84, 88**
le lit [lə li] das Bett **26**
le livre [lə livrə] das Buch **60, 66**
long [lõ] lang **150**
lourd [lur] schwer **80, 152**
lundi [lœ̃di] Montag **125**
la lune [la lyn] der Mond **52, 56**
les lunettes (f) [le lynɛt]
   die Brille **7, 11**
les lunettes de soleil (f)
   [le lynɛt də sɔlɛj]
   die Sonnenbrille **126, 130**

M

Madame (f) [madam] Frau **66**
le magasin [lə magazɛ̃]
   der Laden **94**
le magazine [lə magazin]
   die Zeitschrift **88**
le magicien [lə maʒisjɛ̃]
   der Zauberer **113, 116**
la magie [la maʒi]
   die Zauberei **116**
mai [mɛ] Mai **125**
le maillot de bain [lə majo də bɛ̃]
   der Badeanzug **130**
la main [la mɛ̃] die Hand **32**
la mairie [la mɛri]
   das Rathaus **91, 94**
le maïs [lə mais] der Mais **102**
mais [mɛ] aber **153**
la maison [la mɛzõ]
   das Haus **19**
malade [malad] krank **32**
la maman [la mamã] Mama **7, 11**
le manège [lə manɛʒ]
   das Karussell **113, 116**
la mangeoire [la mãʒwar]
   das Futterhäuschen **15, 19**
manger [mãʒe] essen,
   fressen **74**
le manteau [lə mãto]
   der Mantel **48**
le marchand de glaces
   [lə marʃã də glas]
   die Eisdiele **131**
le marché [lə marʃe]
   der Markt **94**

marcher [marʃe] zu Fuß gehen,
   laufen **95**
mardi [mardi] Dienstag **125**
la marguerite [la margərit]
   die Margerite **119, 122**
le mari [lə mari]
   der Ehemann **11**
le marron [lə marõ]
   die Marone **141, 145**
marron [marõ] braun **148, 152**
mars [mars] März **125**
les maths (mathématiques) (f)
   [le mat] Mathematik **66**
la matière [la matjɛr]
   das Fach **66**
le matin [lə matɛ̃] der Morgen,
   der Vormittag **57**
mauvais [movɛ] schlecht **151**
méchant [meʃã] böse **109**
le médecin (m) [lə medsɛ̃]
   der Arzt, die Ärztin **28, 32**
le médicament [lə medikamã]
   die Medizin, das
   Medikament **28, 32**
la méduse [la medyz]
   die Qualle **127, 131**
meilleur [mɛjœr] bester,
   beste **11**
le melon [lə məlõ]
   die Melone **80**
le menton [lə mãtõ]
   das Kinn **32**
la mer [la mɛr] das Meer **131**
merci [mɛrsi] danke **138**
merci beaucoup [mɛrsi boku]
   vielen Dank **138**
mercredi [mɛrkrədi]
   Mittwoch **125**
la mère [la mɛr] die Mutter **7, 11**
mes [me] meine **11**
mettre [mɛtrə] stellen, legen,
   setzen **131**
Miam ! [mjam] Lecker! **109**
le micro-ondes [lə mikrõd]
   die Mikrowelle **80**
midi [midi] mittags **57**
le miel [lə mjɛl] der Honig **81**
mieux [mjø] besser **41**
mignon [miɲõ] niedlich, süß **11**
mince [mɛ̃s] dünn **150**
minuit [minɥi] Mitternacht **57**
la minute [la minyt]
   die Minute **57**

le miroir [lə mirwar]
  der Spiegel **29, 32**
moi [mwa] ich (betont) **41**
le mois [lə mwa] der Monat **122**
les mois [le mwa]
  die Monate **125**
mon [mõ] mein(e) **11, 153**
Monsieur (m) [məsjø] Herr **66**
le monstre [lə mõstrə]
  das Monster **112, 116**
les montagnes russes (f)
  [le mõtaɲə rys]
  die Achterbahn **112, 116**
monter dans [mõte dã]
  einsteigen **95**
la montre [la mõtrə]
  die Armbanduhr **45, 49**
le morceau [lə mɔrso]
  das Stück **122**
mordre [mɔrdrə] beißen **109**
le mot [lə mo] das Wort **66**
la moto [la mɔto]
  das Motorrad **90, 95**
mots utiles [mo ytil] nützliche
  Wörter **153**
mou [mu] weich **151**
la mouette [la mwɛt]
  die Möwe **127, 131**
mouillé [muje] nass **150**
la mousse au chocolat
  [la mus o ʃɔkɔla]
  die Schokoladenmousse **134,
  138**
la moustache [la mustaʃ]
  der Schnurrbart **33**
le mouton [lə mutõ]
  das Schaf **98, 102**
le muesli [lə mysli] das Müsli **81**
le muguet [lə mygɛ]
  das Maiglöckchen **119, 123**
le mur [lə myr] die Wand **26**
le musée [lə myze]
  das Museum **95**
la musique [la myzik]
  die Musik **74**

N

nager [naʒe] schwimmen **131**
la nappe [la nap]
  das Tischtuch **138**
le navire [lə navir]
  das Schiff **127, 131**

ne ... plus [nə ... ply] nicht ...
  mehr **116**
la neige [la nɛʒ]
  der Schnee **145**
neuf [nœf] neun **152**
le nez [lə ne] die Nase **28, 33**
le nid [lə ni] das Nest **102**
Noël [nɔɛl] Weihnachten **140,
  145**
noir [nwar] schwarz **148, 152**
les noix (f) [le nwa]
  die Nüsse **77, 81**
le nom [lə nõ] der Name **11**
les nombres [le nõbrə]
  die Zahlen **152**
normalement [nɔrmalmã]
  normalerweise **57**
notre [nɔtrə] unser(e) **153**
le nounours [lə nunurs]
  der Teddybär **26**
la nourriture [la nurityr]
  die Lebensmittel **81**
la nourriture pour chiens
  [la nurityr pur ʃjɛ̃]
  das Hundefutter **81**
nous [nu] wir **153**
nouveau [nuvo] neu **109**
novembre [nɔvãbrə]
  November **125**
le nuage [lə nɥaʒ]
  die Wolke **118, 123**
nuageux [nɥaʒø] bewölkt **123**
la nuit [la nɥi] die Nacht **57**

O

occupé [ɔkype] beschäftigt **75**
octobre [ɔktɔbrə] Oktober **125**
l'odeur (f) [l‿odœr] der Duft **41**
l'œil (m) [l‿œj] das Auge **28, 33**
l'œuf (m) [l‿œf] das Ei **76, 81**
l'œuf de Pâques (m) [l‿œf də pak]
  das Osterei **119, 123**
offrir [ɔfrir] schenken **138**
l'oignon (m) [l‿ɔɲõ]
  die Zwiebel **85, 88**
l'oiseau (m) [l‿wazo]
  der Vogel **102**
on [õ] man, wir **153**
l'oncle (m) [l‿õklə]
  der Onkel **11**
onze [õz] elf **152**

opposés [ɔpoze]
  Gegensätze **150**
l'orage (m) [l‿ɔraʒ]
  das Gewitter **123**
l'orange (f) [l‿ɔrãʒ]
  die Orange **76, 81**
orange [ɔrãʒ] orange **149, 152**
l'ordinateur (m) [l‿ɔrdinatœr]
  der Computer **26**
l'oreille (f) [l‿ɔrɛj] das Ohr **28, 33**
l'oreiller (m) [l‿ɔrɛje]
  das Kopfkissen **26**
l'orteil (m) [l‿ɔrtɛj] der Zeh **29,
  33**
l'os (f) [l‿ɔs] der Knochen **28, 33**
ou [u] oder **153**
où [u] wo **153, 153**
oublier [ublije] vergessen **123**
l'ours (m) [l‿urs] der Bär **104,
  109**
l'ours polaire (m) [l‿urs pɔlɛr]
  der Eisbär **104, 109**
ouvert [uvɛr] geöffnet **88**
ouvrir [uvrir] aufmachen,
  öffnen **145**

P

la page [la paʒ] die Seite **66**
le pain [lə pɛ̃] das Brot **84, 88**
le panda [lə pãda]
  der Panda **109**
le panier [lə panje] der Korb **77,
  81**
le panneau [lə pano]
  das Schild **95**
le panneau indicateur
  [lə pano ɛ̃dikatœr]
  der Wegweiser **110**
le pansement [lə pãsmã]
  das Pflaster **29, 33**
le pantalon [lə pãtalõ]
  die Hose **45, 49**
le paon [lə pã] der Pfau **105,
  110**
le papa [papa] Papa **6, 11**
le papier [lə papje] das Papier **67**
le papier toilette [lə papje twalɛt]
  das Toilettenpapier **14, 19**
le papier-cadeau [lə papjekado]
  das Geschenkpapier **138**
le papillon [lə papijõ]
  der Schmetterling **98, 102**

Pâques [pɑk] Ostern **123**
la parabole [la parabɔl]
  die Satellitenschüssel **19**
le parapluie [lə paraplɥi]
  der Regenschirm **119, 123**
le parc [lə park] der Park **95**
parce que [pars kə] weil **153**
pardon [pardõ] wie bitte? **110**
les parents (m) [le parã]
  die Eltern **12**
parfois [parfwa] manchmal **26**
parler [parle] sprechen **12**
partout [partu] überall **49**
le passage pour piétons
  [lə pasaʒ pur pjetõ]
  der Zebrastreifen **91, 95**
le passe-temps [lə pastã]
  das Hobby **75**
la pastèque [la pastɛk]
  die Wassermelone **81**
le pâté de foie gras
  [lə pate də fwa gra]
  die Gänseleberpastete **146**
patiner [patine] Schlittschuh
  laufen **71, 75**
la patte [pat] die Pfote **110**
pauvre [povrə] arm **152**
payer [pɛje] zahlen **88**
le peignoir [lə pɛɲwar]
  der Bademantel, der
  Morgenmantel **49**
peindre [pɛ̃drə] malen **67**
la pelle [la pɛl]
  die Schaufel **126, 131**
pendre [pãdrə] hängen **49**
la pendule [la pãdyl]
  die Uhr **52, 57**
penser à [pãse a] an etwas
  denken **88**
perdre [pɛrdrə] verlieren **49**
le père [lə pɛr] der Vater **6, 12**
le Père Noël [lə pɛr nɔɛl]
  der Weihnachtsmann **140, 146**
le perroquet [lə perɔkɛ]
  der Papagei **110**
le persil [lə pɛrsi]
  die Petersilie **81**
petit [pti] klein **150**
le petit déjeuner [lə pti deʒœne]
  das Frühstück **57**
peut-être [pøt‿ɛtrə]
  vielleicht **153**
le phare [lə far]
  der Leuchtturm **127, 131**

la pharmacie [la farmasi]
  die Apotheke **95**
le phoque [lə fɔk]
  der Seehund **105, 110**
la photo [la fɔto] das Foto **12**
le piano [lə pjano]
  das Klavier **71, 75**
le pied [lə pje] der Fuß **33**
la pierre [la pjɛr] der Stein **131**
le pilote [lə pilɔt] der Pilot **12**
le pinceau [lə pɛ̃so]
  der Pinsel **60, 67**
le pingouin [lə pɛ̃gwɛ̃]
  der Pinguin **105, 110**
le pique-nique [lə piknik]
  das Picknick **132**
le pirate [lə pirat] der Pirat **132**
la piscine [la pisin]
  das Schwimmbad **95**
la pizza [la pidza] die Pizza **82**
le placard [lə plakar]
  der Schrank **82**
la plage [la plaʒ]
  der Strand **132**
la planche à voile
  [la plãʃ‿a vwal]
  das Surfbrett **132**
le plancher [lə plãʃe] der Boden,
  der Fußboden **26**
plein [plɛ̃] voll **151**
pleurer [plœre] weinen **36, 41**
pleuvoir [pløvwar] regnen **123**
la pluie [la plɥi] der Regen **119,
123**
la poche [la pɔʃ]
  die Hosentasche **49**
la poire [la pwar] die Birne **76,
82**
le poisson [lə pwasõ]
  der Fisch **84, 88**
le poisson d'avril
  [lə pwasõ d‿avril]
  der Aprilscherz **118, 124**
le poisson rouge [lə pwasõ ruʒ]
  der Goldfisch **116**
la poitrine [la pwatrin]
  die Brust **33**
le poivre [lə pwavrə]
  der Pfeffer **146**
le poivron [lə pwavrõ]
  die Paprikaschote **82**
la pomme [la pɔm]
  der Apfel **76, 82**

la pomme de terre
  [la pɔm də tɛr]
  die Kartoffel **85, 89**
le pont [lə põ] die Brücke **90, 95**
le portable [lə pɔrtabl]
  das Handy **23, 27**
la porte [la pɔrt] die Tür **20**
la porte d'entrée [la pɔrt d‿ãtre]
  die Haustür **20**
le porte-bonheur [lə pɔrtbɔnœr]
  der Glücksbringer **124**
le porte-monnaie [lə pɔrtmɔnɛ]
  der Geldbeutel **89**
porter [pɔrte] tragen,
  anziehen **49**; tragen **82**
possessifs [pɔsɛsif]
  Possessivbegleiter **153**
la poste [la pɔst]
  das Postamt **96**
le poster [lə pɔstɛr]
  das Poster **23, 27**
la poubelle [la pubɛl]
  der Mülleimer **116**
le pouce [lə pus]
  der Daumen **29, 33**
la poule [la pul] das Huhn **98,
102**
le poulet [lə pulɛ]
  das Hühnchen **84, 89**
la poupée [la pupe]
  die Puppe **22, 27**
pour [pur] für **153**
pourquoi [purkwa] warum **153**
pousser [puse] drücken,
  schieben **89**
le poussin [lə pusɛ̃]
  das Küken **102**
pouvoir [puvwar] können **20**
préféré [prefere] Lieblings- **67**
préférer [prefere] lieber
  mögen **146**
premier [prəmje] erste (r, s) **116**
prendre [prãdrə] nehmen **67**
prendre un bain [prãdr‿œ̃ bɛ̃]
  baden **34**
prendre une douche
  [prãdr‿yn duʃ] duschen **57**
prendre une photo
  [prãdr‿yn fɔto]
  fotografieren **132**
près (de) [prɛ (də)] nahe bei, in
  der Nähe (von) **103**; nahe
  bei **153**

prêt [prɛ] bereit **110**
le prince [lə prɛ̃s] der Prinz **75**
la princesse [la prɛ̃sɛs]
   die Prinzessin **75**
le printemps [lə prɛ̃tɑ̃]
   der Frühling **125**
le prix [lə pri] der Preis **116**
le problème [lə prɔblɛm]
   das Problem **49**
prochain [prɔʃɛ̃] nächste (-r, -s)
   117
le prof (professeur)
   [lə prɔf (prɔfɛsœr)] der Lehrer,
   die Lehrerin **67**
pronoms [le pronɔ̃]
   Pronomen **153**
propre [prɔprə] sauber **150**
le pull [lə pyl] der Pullover **44, 49**
le pyjama [lə piʒama]
   der Pyjama, der
   Schlafanzug **45, 50**

quand [kɑ̃] als, wenn **153**;
   wann **153**
quarante [karɑ̃t] vierzig **152**
quatorze [katɔrz] vierzehn **152**
quatre [katrə] vier **152**
quatre-vingt [katrəvɛ̃]
   achtzig **152**
quatre-vingt-dix [katrəvɛ̃dis]
   neunzig **152**
quel [kɛl] welche, -r, -s **153**
quelque chose [kɛlkə ʃoz]
   etwas **41**
qu'est-ce que [k‿ɛskə] was **153**
Qu'est-ce qui se passe ?
   [k‿ɛski sə pas ?] Was ist
   los? **110**
la question [la kɛstjɔ̃]
   die Frage **67**
qui [ki] wer **153**
quinze [kɛ̃z] fünfzehn **152**
quoi [kwa] was **153**

raconter [rakɔ̃te] erzählen **57**
la radio [la radjo] das Radio **27**
le radio-réveil [lə radjorevɛj]
   der Radiowecker **23, 27**

raide [rɛd] glatt, gerade **34**
le raisin [lə rɛzɛ̃] die Traube **76,
   82**
ramasser [ramase]
   aufheben **117**
ranger [rɑ̃ʒe] aufräumen **50**
rapide [rapid] schnell **151**
la raquette de tennis
   [la rakɛt də tɛnis]
   der Tennisschläger **22, 27**
recevoir [rəsəvwar]
   bekommen **138**
la récré (récréation) [la rekre]
   die Pause **67**
le rectangle [lə rɛktɑ̃gl]
   das Rechteck **149, 153**
regarder [rəgarde] sehen **34**
regarder la télé [rəgarde la tele]
   fernsehen **58**
la règle [la regl] das Lineal **61,
   67**
la reine [la rɛn] die Königin **52,
   58**
le renard [lə rənar]
   der Fuchs **98, 103**
le renne [la renne]
   das Rentier **140, 146**
la rentrée [la rɑ̃tre]
   der Schulanfang **124**
la réponse [la repɔ̃s]
   die Antwort **67**
le requin [lə rəkɛ̃] der Hai **132**
le restaurant [lə rɛstɔrɑ̃]
   das Restaurant **96**
rester [rɛste] bleiben **132**
réveiller [revɛje] aufwecken **58**
le réveillon de Noël
   [lə revɛjɔ̃ də nɔɛl]
   das Weihnachtsessen **146**
rêver [rɛve] träumen **111**
le rhume [lə rym]
   die Erkältung **34**
riche [riʃ] reich **152**
le rideau [lə rido]
   der Vorhang **14, 20**
rien [rjɛ̃] nichts **41**
rire [rir] lachen **41**
la rivière [la rivjɛr] der Fluss **90,
   96**
le riz [lə ri] der Reis **82**
la robe [la rɔb] das Kleid **50**
le robinet [lə rɔbinɛ]
   der Wasserhahn **15, 20**

le rocher [lə rɔʃe] der Fels **132**
le roi [lə rwa] der König **52, 58**
les rollers (m) [le rɔlɛr]
   die Inliner **27**
la rose [la roz] die Rose **15, 20**
rose [roz] rosa **149, 152**
rouge [ruʒ] rot **149, 152**
le rouge-gorge [lə ruʒgɔrʒ]
   das Rotkehlchen **141, 146**
la rue [la ry] die Straße **96**

S

le sable [lə sabl] der Sand **132**
le sac [lə sak]
   die Einkaufstüte **82**; der
   Sack **103**
le sac à dos [lə sak‿a do]
   der Rucksack **50**
le sac à main [lə sak‿a mɛ̃]
   die Handtasche **85, 89**
le sac de couchage
   [lə sak də kuʃaʒ]
   der Schlafsack **36, 42**
saigner [sɛɲe] bluten **34**
la Saint-Sylvestre [la sɛ̃silvɛstrə]
   Silvester **124**
la saison [la sɛzɔ̃]
   die Jahreszeit **118, 124**
les saisons [le sɛzɔ̃]
   die Jahreszeiten **125**
la salade [la salad] der Salat **82**
sale [sal] schmutzig **34, 150**
la salle à manger
   [la sal‿a mɑ̃ʒe]
   das Esszimmer **20**
la salle de bains [la sal də bɛ̃]
   das Badezimmer **20**
la salle de classe [la sal də klas]
   das Klassenzimmer **68**
la salle de séjour
   [la sal də seʒur]
   das Wohnzimmer **20**
salut [saly] hallo **12**; tschüs **58**
samedi [samdi] Samstag **125**
s'amuser [s‿amyze] Spaß
   haben **117**
la sandale [sɑ̃dal]
   die Sandale **50**
le sandwich [lə sɑ̃dwitʃ]
   das Sandwich **132**
le sang [lə sɑ̃] das Blut **117**

le sapin de Noël [lə sapɛ̃ də nɔɛl] der Weihnachtsbaum **140, 147**

s'appeler [s_aple] heißen **12**

s'arrêter [s_arɛte] anhalten **96**

s'asseoir [s_aswar] sich setzen **68**

la sauce [la sos] die Soße **147**

la saucisse [la sosis] das Würstchen **135, 139**

sauter [sote] hüpfen, springen **117**

sauter à la corde [sote a la kɔrd] seilhüpfen **70, 75**

savoir [savwar] wissen **50, 68**

le savon [lə savõ] die Seife **15, 21**

se brosser les dents [sə brɔse le dã] sich die Zähne putzen **58**

se cacher [sə kaʃe] sich verstecken **37, 42**

se cogner [sə kɔɲe] anstoßen **34**

se détendre [sə detãdrə] sich entspannen **133**

se gratter [sə grate] sich kratzen **34**

se laver [sə lave] sich waschen **34**

se lever [sə ləve] aufstehen **53, 58**

se réjouir [sə reʒuir] sich freuen **133**

se sentir [sə sãtir] sich fühlen **34**

se sentir bien [sə sãtir bjɛ̃] sich wohl fühlen **42**

se sentir mal [sə sãtir mal] sich unwohl fühlen **42**

le seau [lə so] der Eimer **99, 103**

sec [sɛk] trocken **150**

seize [sɛz] sechzehn **152**

le sel [lə sɛl] das Salz **147**

la semaine [la səmɛn] die Woche **124**

s'embrasser [s_ãbrase] küssen **146**

sentir [sãtir] riechen **42**

sept [sɛt] sieben **152**

septembre [sɛptãbrə] September **125**

le serpent [lə sɛrpã] die Schlange **105, 111**

la serviette [la sɛrvjɛt] das Handtuch **21**; die Serviette **134, 139**

la serviette de bain [la sɛrvjɛt də bɛ̃] das Badehandtuch **133**

le shampoing [lə ʃãpwɛ̃] das Shampoo **15, 21**

le short [lə ʃɔrt] die Shorts, die kurze Hose **50**

siffler [sifle] pfeifen **75**

s'il te plaît [s_il tə plɛ] bitte **139**

s'il vous plaît [s_ilvuplɛ] bitte **139**

le singe [lə sɛ̃ʒ] der Affe **104, 111**

six [sis] sechs **152**

le snowboard [lə snobɔrd] das Snowboard **124**

la sœur [la sœr] die Schwester **12**

le soir [lə swar] der Abend **53, 58**

soixante [swasãt] sechzig **152**

soixante-dix [swasãtdis] siebzig **152**

le soleil [lə sɔlɛj] die Sonne **124**

sombre [sõbrə] dunkel **59, 151**

son [sõ] ihr(e) **153**; sein(e) **153**

sonner [sɔne] klingeln **68**

sont [sõ] sind **12**

la sorcière [la sɔrsjɛr] die Hexe **112, 117**

la sortie [la sɔrti] der Ausgang **111**

souffler [sufle] ausblasen **139**

la soupe [la sup] die Suppe **83**

le sourcil [lə sursi] die Augenbraue **35**

sourire [surir] lächeln **37, 42**

la souris [la suri] die Maus **99, 103**

sous [su] unter **153**

les sous-vêtements (m) [le suvɛtmã] die Unterwäsche **50**

souvent [suvã] oft **50**

les spaghettis (m) [le spagɛti] die Spaghetti **77, 83**

le spectacle [lə spɛktakl] die Vorstellung **117**

la station-service [la stasjõ sɛrvis] die Tankstelle **96**

le stylo [lə stilo] der Stift **61, 68**

le sucre [lə sykrə] der Zucker **83**

sucré [sykre] süß **150**

suis [sɥi] bin **12**

le supermarché [lə sypɛrmarʃe] der Supermarkt **89**

sur [syr] auf **153**

les surgelés (m) [le syrʒəle] die Tiefkühlkost **89**

le surveillant de plage [lə syrvɛjã də plaʒ] der Rettungsschwimmer **127, 133**

surveiller [syrvɛje] beobachten **103**

sympa [sɛ̃pa] nett **42**

T

la table [la tabl] der Tisch **139**

le tableau [lə tablo] die Tafel **68**

le taille-crayon [lə tajkrɛjõ] der Bleistiftspitzer **60, 68**

le tambour [lə tãbur] die Trommel **147**

la tante [la tãt] die Tante **13**

le tapis [lə tapi] der Teppich **21**

le tapis de souris [lə tapi də suri] das Mauspad **27**

tard [tar] spät **42**

la tartine [la tartin] belegtes Brot **83**

la tasse [la tas] die Tasse **135, 139**

le taxi [lə taksi] das Taxi **96**

le tee-shirt [lə tiʃœrt] das T-Shirt **45, 51**

la télé (télévision) [la tele] das Fernsehen **14, 21**

le téléphone [lə telefɔn] das Telefon **21**

la tempête [la tãpɛt] der Sturm **124**

le temps [lə tã] die Zeit **59**; das Wetter **125**

tenir [tənir] halten **111**

le tennis [lə tɛnis] das Tennis **75**

la tente [la tãt] das Zelt **36, 42**

le terrain de jeux [lə tɛrɛ̃ də ʒø] der Spielplatz **96**

la tête [la tɛt] der Kopf **35**

le thé [lə te] der Tee **83**

le tigre [lə tigrə] der Tiger 111
le timbre [lə tɛ̃brə]
    die Briefmarke 96
la tirelire [la tirlir]
    das Sparschwein 23, 27
tirer [tire] ziehen 147
le toboggan [lə tɔbɔgã]
    die Rutsche 91, 96
le toboggan géant
    [lə tɔbɔgã ʒeã]
    die Riesenrutsche 113, 117
toi [twa] du (betont) 42
les toilettes [le twalɛt]
    die Toilette 21
le toit [twa] das Dach 21
la tomate [la tɔmat]
    die Tomate 77, 83
tomber [tõbe] hinfallen 35;
    fallen 103
ton [tõ] dein(e) 153
la tortue [la tɔrty]
    die Schildkröte 6, 13
tôt [to] früh 43
toujours [tuʒur] immer 59
tourner [turne] abbiegen 97
tous les jours [tu le ʒur] jeden
    Tag 97
tout droit [tu drwa]
    geradeaus 153
tout le monde [tu lə mõd]
    alle 21
la toux [la tu] der Husten 35
le tracteur [lə traktœr]
    der Traktor 103
le train [lə trɛ̃] der Zug 97
le train fantôme [lə trɛ̃ fãtõm]
    die Geisterbahn 117
le traîneau [lə trɛno]
    der Schlitten 140, 147
travailler [travaje] arbeiten 89
treize [trɛz] dreizehn 152
trente [trãt] dreißig 152
très [trɛ] sehr 139
le trésor [lə trezɔr]
    der Schatz 133
le triangle [lə trijãgl]
    das Dreieck 149, 153
triste [trist] traurig 36, 43
trois [trwa] drei 152
la trompe [la trõp]
    der Rüssel 111
trop [tro] zu viel 43; zu 111;
    zu viel 153

le trottoir [lə trɔtwar]
    der Bürgersteig 97
le trou [lə tru] das Loch 51
la trousse [la trus]
    das Mäppchen 60, 68
la trousse (de médecin)
    [la trus də medsɛ̃]
    die Arzttasche 35
trouver [truve] finden 51
tu [ty] du 153

U

un [œ̃, ɛ̃] eins 152
l'uniforme (m) [l‿ynifɔrm]
    die Uniform 13
utiliser [ytilize] benutzen 68

V

les vacances (f) [le vakãs]
    der Urlaub 133
les vacances scolaires (f)
    [le vakãs skɔlɛr]
    die Schulferien 125
la vache [la vaʃ] die Kuh 99, 103
la valise [la valiz]
    der Koffer 126, 133
le vampire [lə vãpir]
    der Vampir 112, 117
la veille de Noël [la vɛj də nɔɛl]
    Heiligabend 147
le vélo [lə velo] das Fahrrad 43
le vendeur [lə vãdœr]
    der Verkäufer 89
vendre [vãdrə] verkaufen 97
vendredi [vãdrədi] Freitag 125
venir [vənir] kommen 59
venir de [vənir də] kommen
    aus 13
le vent [lə vã] der Wind 125
le ventre [lə vãtrə] der Bauch 35
le verre [lə vɛr] das Glas 134,
    139
vers [vɛr] zu 153
vert [vɛr] grün 148, 152
la veste [la vɛst] die Jacke 51
les vêtements (m) [le vɛtmã]
    die Kleidung 44, 51
la viande [la vjãd]
    das Fleisch 89

vide [vid] leer 151
vieux [vjø] alt 151
la vigne [la viɲ]
    die Weinrebe 103
le village [lə vilaʒ] das Dorf 97
la ville [la vil] die Stadt 97
le vin [lə vɛ̃] der Wein 83
vingt [vɛ̃] zwanzig 152
violet [vjɔlɛ] lila 149, 152
le visage [lə vizaʒ]
    das Gesicht 35
vite [vit] schnell 75
le voilier [lə vwalje]
    das Segelboot 133
voir [vwar] sehen 35
le voisin [lə vwazɛ̃]
    der Nachbar 21
la voiture [la vwatyr]
    das Auto 90, 97
la voiture de police
    [la vwatyr də pɔlis]
    das Polizeiauto 97
la voiture de pompiers
    [la vwatyr de põpje]
    das Feuerwehrauto 91, 97
la voix [la vwa] die Stimme 35
voler [vɔle] stehlen 51;
    fliegen 133
votre [vɔtrə] euer(e) 153
vouloir [vulwar] wollen 43
vous [vu] Sie, ihr 153
vrai [vrɛ] richtig 68, 151

W

le week-end [lə wikɛnd]
    das Wochenende 125

Y

le yaourt [lə jaurt]
    der Joghurt 83
les yeux (m) [lez‿jø]
    die Augen 35

Z

le zèbre [lə zɛbrə]
    das Zebra 111
le zoo [lə zo] der Zoo 111

A

abbiegen tourner **97**
der Abend le soir **53, 58**
das Abendessen le dîner **53, 56**
aber mais **153**
abspülen faire la vaisselle **40**
acht huit **152**
die Achterbahn les montagnes
    russes (f) **112, 116**
achtzehn dix-huit **152**
achtzig quatre-vingt **152**
die Adresse l'adresse (f) **16**
der Affe le singe **104, 111**
alle tout le monde **21**
das Alphabet l'alphabet (m) **62**
als quand **153**
alt vieux **151**
die Ampel le feu **91, 94**
an à **153**
die Ananas l'ananas (m) **78**
an der Ecke (von) au coin
    (de) **92, 153**
an etwas denken penser à **88**
anfangen commencer **55**
Angst haben avoir peur **38**
anhalten s'arrêter **96**
anprobieren essayer **48**
anstoßen se cogner **34**
die Antwort la réponse **67**
anziehen porter **49**
der Apfel la pomme **76, 82**
die Apotheke la pharmacie **95**
April avril **125**
der Aprilscherz le poisson
    d'avril **118, 124**
das Aquarium
    l'aquarium (m) **106**
arbeiten travailler **89**
der Arm le bras **29, 30**
arm pauvre **152**
das Armband le bracelet **46**
die Armbanduhr la montre **45,**
    49
der Arzt, die Ärztin
    le médecin (m) **28, 32**
die Arzttasche la trousse (de
    médecin) **35**
der Ast la branche **104, 106**
auch aussi **8**
auf sur **153**
aufheben ramasser **117**
aufmachen ouvrir **145**

aufräumen ranger **50**
aufstehen se lever **53, 58**
aufwecken réveiller **58**
auf Wiedersehen au revoir **54**
das Auge l'œil (m) **28, 33**
die Augen les yeux (m) **35**
die Augenbraue le sourcil **35**
August août **125**
ausblasen souffler **139**
der Ausgang la sortie **111**
die Auster l'huître (f) **145**
das Auto la voiture **90, 97**
der Autoskooter l'auto
    tamponneuse (f) **113, 114**
autsch! aïe ! **30**

B

das Baby le bébé **7, 8**
die Bäckerei la boulangerie **92**
der Badeanzug le maillot de
    bain **130**
das Badehandtuch la serviette
    de bain **133**
die Badehose le caleçon de
    bain **128**
der Bademantel le peignoir **49**
baden prendre un bain **34**
die Badewanne la baignoire **16**
das Badezimmer la salle de
    bains **20**
die Baguette la baguette **78**
der Bahnhof la gare **94**
der Balkon le balcon **16**
der Ball le ballon **22, 24**
die Banane la banane **77, 78**
die Bank la banque **92**
der Bär l'ours (m) **104, 109**
der Bart la barbe **7, 8**
die Baskenmütze le béret **46**
der Basketball le basket
    (basket-ball) **71, 72**
der Bauch le ventre **35**
bauen construire **129**
der Bauer le fermier **101**
der Bauernhof la ferme **101**
der Baum l'arbre (m) **16**
bei chez **25;** à **153**
das Bein la jambe **29, 32**
beißen mordre **109**
bekommen recevoir **138**
belegtes Brot la tartine **83**
bellen aboyer **100**

benutzen utiliser **68**
das Benzin l'essence (f) **93**
beobachten surveiller **103**
bereit prêt **110**
berühmt célèbre **39**
beschäftigt occupé **75**
besser mieux **41**
bester, beste meilleur **11**
das Bett le lit **26**
bewölkt nuageux **123**
die Bibliothek la bibliothèque **38**
die Biene l'abeille (f) **14, 16**
der Bikini le bikini **128**
bin suis **12**
die Birne la poire **76, 82**
bis bald à bientôt **62**
bitte s'il te plaît **139;** s'il vous
    plaît **139**
das Blatt la feuille **104, 107**
blau bleu **148, 152**
der blaue Fleck le bleu **30**
bleiben rester **132**
der Bleistift le crayon **61, 64**
der Bleistiftspitzer
    le taille-crayon **60, 68**
der Blitz l'éclair (m) **118, 121**
blond blond **30**
die Blume la fleur **18**
der Blumenkohl
    le chou-fleur **85, 86**
das Blut le sang **117**
bluten saigner **34**
der Boden le plancher **26**
der Bohnenkern la fève **121**
das Bonbon le bonbon **77, 78**
böse méchant **109**
brauchen avoir besoin de **86**
braun marron **148, 152;**
    brun **152**
der Brief la lettre **94**
der Briefkasten la boîte aux
    lettres **90, 92**
die Briefmarke le timbre **96**
die Brille les lunettes (f) **7, 11**
bringen apporter **46**
das Brot le pain **84, 88**
die Brücke le pont **90, 95**
der Bruder le frère **10**
der Brunnen la fontaine **90, 94**
die Brust la poitrine **33**
das Buch le livre **60, 66**
die Bücherei la bibliothèque **38**
die Buchhandlung
    la librairie **94**

der **Buchstabe** la lettre **66**
der **Bürgersteig** le trottoir **97**
der **Bus** le bus **91, 93**
der **Busfahrer** le conducteur de bus **93**
die **Bushaltestelle** l'arrêt de bus (m) **90, 92**
die **Butter** le beurre **78**

C

das **Café** le café **106**
die **CD** le CD **24**
der **CD-Player** le lecteur de CD **26**
die **Chips** les chips (f) **136**
der **Clown** le clown **112, 114**
die **Cola** le coca **137**
das **Comicheft** la BD (bande dessinée) **22, 24**
der **Computer** l'ordinateur (m) **26**
das **Computerspiel** le jeu vidéo **25**
der **Cousin** le cousin **9**
der **Cowboy** le cow-boy **113, 114**
der **Crêpe** la crêpe **37, 39**
das **Croissant** le croissant **79**

D

das **Dach** le toit **21**
der **Dachboden** le grenier **19**
danke merci **138**
das ça **8**
das ist c'est **8**
der **Daumen** le pouce **29, 33**
die **Decke** la couverture **48**
dein(e) ton **153**
der **Delfin** le dauphin **127, 129**
Deutsch l'allemand (m) **8**
Dezember décembre **125**
dick gros **108, 150**
Dienstag mardi **125**
diese (r, s) ce **55**
der **Dinosaurier** le dinosaure **23, 25**
Donnerstag jeudi **125**
das **Dorf** le village **97**
die **Dose** la boîte **84, 86**
der **Drache** le dragon **70, 72**

der **Drachen** le cerf-volant **118, 120**
draußen dehors **153**
der **Dreck** la boue **100**
drei trois **152**
das **Dreieck** le triangle **149, 153**
der **Dreikönigskuchen** la galette des rois **118, 122**
dreißig trente **152**
dreizehn treize **152**
drinnen dedans **153**
drücken pousser **89**
der **Dschungel** la jungle **108**
du tu **153**
du (betont) toi **42**
der **Duft** l'odeur (f) **41**
dunkel sombre **59, 151**
dünn mince **150**
durch à travers (de) **153**
durstig sein avoir soif **38**
die **Dusche** la douche **18**
duschen prendre une douche **57**

E

die **Ehefrau** la femme **9**
der **Ehemann** le mari **11**
das **Ei** l'œuf (m) **76, 81**
das **Eichhörnchen** l'écureuil (m) **14, 18**
die **Eidechse** le lézard **108**
der **Eimer** le seau **99, 103**
einen schönen Tag bonne journée **54**
einfach facile **150**
der **Eingang** l'entrée (f) **87**
das **Einhorn** la licorne **109**
einkaufen gehen faire les courses **87**
die **Einkaufsliste** la liste des courses **84, 88**
die **Einkaufstüte** le sac **82**
der **Einkaufswagen** le caddie **84, 86**
einladen inviter **138**
eins un **152**
einsteigen monter dans **95**
das **Eis** la glace **134, 137, 144**
der **Eisbär** l'ours polaire (m) **104, 109**
die **Eisdiele** le marchand de glaces **131**

der **Elefant** l'éléphant (m) **104, 107**
elf onze **152**
der **Ellbogen** le coude **28, 31**
die **Eltern** les parents (m) **12**
der **Engel** l'ange (m) **140, 142**
England l'Angleterre (f) **128**
Englisch l'anglais (m) **62**
die **Ente** le canard **99, 100**
Entschuldigen Sie excusez-moi **107**
Entschuldigung excuse-moi **107**
er il **153**
die **Erdbeere** la fraise **77, 79**
Erdkunde la géographie **65**
die **Erkältung** le rhume **34**
erraten deviner **64**
erste (r, s) premier **116**
erzählen raconter **57**
es gibt il y a **19**
es ist heiß il fait chaud **130**
es ist kalt il fait froid **145**
es macht Spaß c'est amusant **36, 39**
essen manger **74**
das **Esszimmer** la salle à manger **20**
etwas quelque chose **41**
euer(e) votre **153**
die **Eule** le hibou **99, 102**

F

das **Fach** la matière **66**
die **Fahne** le drapeau **126, 129**
fahren conduire **93**
die **Fahrkarte** le billet **112, 114**
das **Fahrrad** le vélo **43**
fallen tomber **103**
falsch faux **65, 151**
die **Familie** la famille **9**
fangen attraper **72**
die **Farben** les couleurs **152**
Februar février **125**
der **Federball** le badminton **142**
die **Fee** la fée **73**
feiern fêter **144**
das **Feld** le champ **100**
der **Fels** le rocher **132**
das **Fenster** la fenêtre **25**
das **Fernsehen** la télé (télévision) **14, 21**

die Handschuhe
  les gants (m) **44, 48**
die Handtasche le sac à
  main **85, 89**
das Handtuch la serviette **21**
das Handy le portable **23, 27**
hängen pendre **49;**
  accrocher **142**
hart dur **151**
hassen détester **39**
hässlich laid **152**
das Haus la maison **19**
die Hausaufgaben le devoir **55**
der Hausschuh le chausson **45,
  47**
die Haustür la porte d'entrée **20**
das Heft le cahier **62**
Heiligabend la veille de
  Noël **147**
heiß chaud **129**
heißen s'appeler **12**
die heiße Schokolade
  le chocolat chaud **79**
helfen aider **62**
hell clair **120, 151**
hellblau bleu clair **148, 152**
das Hemd la chemise **47**
der Herbst l'automne (m) **125**
Herr Monsieur (m) **66**
herum autour (de) **153**
Herzlichen Glückwunsch zum
  Geburtstag! Bon
  anniversaire **136**
heute aujourd'hui **125**
heute Abend ce soir **55**
die Hexe la sorcière **112, 117**
hier ici **130**
die Himbeere la framboise **80**
der Himmel le ciel **120**
hinfallen tomber **35**
hinter derrière **153**
der Hintern le derrière **31**
das Hobby le passe-temps **75**
die Höhle la grotte **130**
der Honig le miel **81**
hören entendre **31**
die Hose le pantalon **45, 49**
die Hosentasche la poche **49**
das Hotel l'hôtel (m) **126, 130**
hübsch joli **48**
der Hubschrauber
  l'hélicoptère (m) **40**
der Hügel la colline **101**
das Huhn la poule **98, 102**

das Hühnchen le poulet **84, 89**
der Hund le chien **7, 8**
das Hundefutter la nourriture
  pour chiens **81**
hundert cent **152**
hungrig sein avoir faim **38**
die Hüpfburg
  le château-trampoline **112,
  114**
hüpfen sauter **117**
der Husten la toux **35**
der Hut le chapeau **47**

I

ich je (j') **153**
ich (betont) moi **41**
ich möchte je voudrais **87**
die Idee l'idée (f) **130**
der Igel le hérisson **98, 102**
Igitt! Beurk ! **106**
ihr vous **153**
ihr(e) son **153;** leur **153**
im Garten arbeiten jardiner **74**
immer toujours **59**
in dans **153**
in der Mitte au milieu (de) **142**
in der Nähe von près de **103**
die Inliner les rollers (m) **27**
das Insekt l'insecte (m) **108**
die Insel l'île (f) **127, 130**
interessant intéressant **41**
in Urlaub fahren aller en
  vacances **128**
ist est **9**

J

j-m kalt sein avoir froid **30**
j-m warm sein avoir chaud **30**
die Jacke la veste **51**
das Jahr l'année (f) **120;** l'an
  (m) **120**
die Jahreszeit la saison **118,
  124**
die Jahreszeiten
  les saisons **125**
Januar janvier **125**
die Jeans le jean **48**
jeden Tag tous les jours **97**
der Joghurt le yaourt **83**
Juli juillet **125**

jung jeune **108, 151**
der Junge le garçon **7, 10**
Juni juin **125**

K

der Kaffee le café **78**
der Käfig la cage **61, 62**
der Kalender le calendrier **119,
  120**
kalt froid **122**
das Kamel le chameau **105, 106**
der Kamin la cheminée **140, 143**
das Känguru le kangourou **108**
das Kaninchen le lapin **99, 102**
die Kantine la cantine **55**
kaputtmachen casser **24**
die Karotte la carotte **86**
die Kartoffel la pomme de
  terre **85, 89**
das Karussell le manège **113,
  116**
der Käse le fromage **76, 80**
die Kassette la cassette **24**
die Katze le chat **7, 8**
kaufen acheter **86**
der Keks le biscuit **78**
der Keller la cave **17**
kennen connaître **63**
die Kerze la bougie **135, 136**
das Kind l'enfant (m/f) **9**
das Kinn le menton **32**
das Kino le cinéma **93**
die Kirche l'église (f) **93**
die Klasse la classe **63**
die Klassenarbeit le contrôle **63**
das Klassenzimmer la salle de
  classe **68**
das Klavier le piano **71, 75**
der Klebstoff la colle **60, 63**
das Kleid la robe **50**
der Kleiderbügel le cintre **44, 47**
der Kleiderschrank
  l'armoire (f) **44, 46**
die Kleidung
  les vêtements (m) **44, 51**
klein petit **150**
klettern grimper **10**
klingeln sonner **68**
klug intelligent **41**
das Knie le genou **29, 32**
der Knochen l'os (f) **28, 33**
der Knopf le bouton **45, 46**

müde fatigué 40, 56
der Mülleimer la poubelle 116
der Mund la bouche 28, 30
die Muschel le coquillage 127, 129
das Museum le musée 95
die Musik la musique 74
das Müsli le muesli 81
müssen devoir 31
die Mutter la mère 7, 11
die Mütze la casquette 47

N

nach après 54
der Nachbar le voisin 21
der Nachmittag l'après-midi (m) 54
(nach) oben en haut 153
die Nachspeise le dessert 144
nächste (-r, -s) prochain 117
die Nacht la nuit 57
(nach) unten en bas 153
nahe bei près (de) 103, 153
der Name le nom 11
die Nase le nez 28, 33
nass mouillé 150
der Nationalfeiertag la fête nationale 121
natürlich bien sûr 106
der Nebel le brouillard 120
neben à côté (de) 24, 153
nehmen prendre 67
das Nest le nid 102
nett gentil 10; sympa 42
neu nouveau 109
neun neuf 152
neunzehn dix-neuf 152
neunzig quatre-vingt-dix 152
nicht … mehr ne … plus 116
nichts rien 41
niedlich mignon 11
niesen éternuer 31
das Nilpferd l'hippopotame (m) 105, 108
noch mal encore 115
normalerweise normalement 57
November novembre 125
die Nüsse les noix (f) 77, 81
nützliche Wörter mots utiles 153

O

oben en haut 18
das Obst le fruit 80
oder ou 153
öffnen ouvrir 145
oft souvent 50
das Ohr l'oreille (f) 28, 33
Oktober octobre 125
der Onkel l'oncle (m) 11
die Orange l'orange (f) 76, 81
orange orange 149, 152
der Orangensaft le jus d'orange 80
das Osterei l'œuf de Pâques (m) 119, 123
die Osterglocken les cloches de Pâques (f) 119, 120
Ostern Pâques 123

P

der Panda le panda 109
Papa le papa 6, 11
der Papagei le perroquet 110
das Papier le papier 67
die Paprikaschote le poivron 82
die Parade le défilé 118, 121
der Park le parc 95
die (Park)Bank le banc 91, 92
die Pause la récré (récréation) 67
die Petersilie le persil 81
der Pfau le paon 105, 110
der Pfeffer le poivre 146
pfeifen siffler 75
das Pferd le cheval 99, 100
das Pflaster le pansement 29, 33
die Pfote la patte 110
die Pfütze la flaque 121
das Picknick le pique-nique 132
der Pilot le pilote 12
der Pinguin le pingouin 105, 110
der Pinsel le pinceau 60, 67
der Pirat le pirate 132
die Pizza la pizza 82
der Po le derrière 31
das Polizeiauto la voiture de police 97

Possessivbegleiter possessifs 153
das Postamt la poste 96
das Poster le poster 23, 27
die Postkarte la carte postale 126, 128
der Preis le prix 116
der Prinz le prince 75
die Prinzessin la princesse 75
das Problem le problème 49
Pronomen pronoms 153
der Pullover le pull 44, 49
die Puppe la poupée 22, 27
der Puter la dinde 141, 144
der Pyjama le pyjama 45, 50

Q

das Quadrat le carré 149, 153
die Qualle la méduse 127, 131

R

Rad fahren faire du vélo 70, 73
der Radiergummi la gomme 65
das Radio la radio 27
der Radiowecker le radio-réveil 23, 27
das Rathaus la mairie 91, 94
das Rechteck le rectangle 149, 153
rechts à droite 92
das Regal l'étagère (f) 25
der Regen la pluie 119, 123
der Regenbogen l'arc-en-ciel (m) 118, 120
der Regenmantel l'imperméable (m) 122
der Regenschirm le parapluie 119, 123
regnen pleuvoir 123
reich riche 152
der Reis le riz 82
die Reise nach Jerusalem la chaise musicale 136
das Rentier le renne 140, 146
das Restaurant le restaurant 96
der Rettungsschwimmer le surveillant de plage 127, 133
richtig vrai 68, 151
riechen sentir 42

sie elle 153; vous 153; ils 153
sieben sept 152
siebzehn dix-sept 152
siebzig soixante-dix 152
silber argenté 142
Silvester la Saint- Sylvestre 124
sind sont 12
singen chanter 71, 72
sitzen être assis 25
Ski laufen faire du ski 121
das Snowboard le snowboard 124
die Socke la chaussette 44, 47
das Sofa le canapé 17
der Sohn le fils 9
der Sommer l'été (m) 125
die Sonne le soleil 124
die Sonnenbrille les lunettes de soleil (f) 126, 130
die Sonnencreme la crème solaire 129
sonnig ensoleillé 121
Sonntag dimanche 125
die Soße la sauce 147
die Spaghetti les spaghettis (m) 77, 83
das Sparschwein la tirelire 23, 27
Spaß haben s'amuser 117
spät tard 42
spazieren gehen faire une promenade 56
der Spiegel le miroir 29, 32
das Spiel le jeu 22, 25
spielen jouer 74
der Spielplatz le terrain de jeux 96
das Spielzeug le jouet 26
die Spinne l'araignée (f) 14, 16
Sport treiben faire du sport 73
die Sprache la langue 66
sprechen parler 12
springen sauter 117
die Stadt la ville 97
die Stechpalme le houx 141, 145
stehlen voler 51
der Stein la pierre 131
stellen mettre 131
der Stern l'étoile (f) 52, 56
die Stiefel les bottes (f) 44, 46
der Stift le stylo 61, 68
die Stimme la voix 35
der Strand la plage 132
die Straße la rue 96

die Strumpfhose le collant 47
das Stück le morceau 122
der Stuhl la chaise 23, 24
die Stunde l'heure (f) 56
der Stundenplan l'emploi du temps (m) 65
der Sturm la tempête 124
suchen chercher 17
der Supermarkt le supermarché 89
die (Supermarkt) Kasse la caisse 86
die Suppe la soupe 83
das Surfbrett la planche à voile 132
süß sucré 150; mignon 11

T

das T-Shirt le tee-shirt 45, 51
die Tafel le tableau 68
der Tag le jour 56; la journée 56
die Tage les jours 125
das Tagebuch le journal 122
die Tankstelle la station-service 96
die Tante la tante 13
tanzen danser 72
der Taschenrechner la calculatrice 61, 62
die Tasse la tasse 135, 139
die Tastatur le clavier 22, 25
das Taxi le taxi 96
der Teddybär le nounours 26
der Tee le thé 83
der Teich l'étang (m) 93
das Telefon le téléphone 21
die Telefonzelle la cabine téléphonique 90, 93
der Teller l'assiette (f) 135, 136
das Tennis le tennis 75
der Tennisball la balle de tennis 24
der Tennisschläger la raquette de tennis 22, 27
der Tennisspieler le joueur de tennis 70, 74
der Teppich le tapis 21
die Tiefkühlkost les surgelés (m) 89
das Tier l'animal (m) 100
der Tiger le tigre 111
der Tisch la table 139

das Tischtuch la nappe 138
die Tochter la fille 6, 9
die Toilette les toilettes 21
das Toilettenpapier le papier toilette 14, 19
toll chouette 39
die Tomate la tomate 77, 83
der Torwart le gardien de but 70, 74
tragen porter 49, 82
der Traktor le tracteur 103
die Traube le raisin 76, 82
träumen rêver 111
traurig triste 36, 43
die Treppe l'escalier (m) 18, 129
trinken boire 78
trocken sec 150
die Trommel le tambour 147
tschüs salut 58
die Tür la porte 20
die Turnschuhe les baskets (f) 44, 46

U

über au-dessus (de) 153
überall partout 49
die Uhr la pendule 52, 57
umarmen faire un câlin 40
und et 153
die Uniform l'uniforme (m) 13
die Unordnung le désordre 48
unser(e) notre 153
unten en bas 18
unter au-dessous (de) 153
unterrichten enseigner 65
die Unterrichtsstunde le cours 64
die Unterwäsche les sous-vêtements (m) 50
der Urlaub les vacances (f) 133

V

der Vampir le vampire 112, 117
der Vater le père 6, 12
der Verband le bandage 29, 30
vergessen oublier 123
verkaufen vendre 97
der Verkäufer le vendeur 89
der Verkehr la circulation 93
verlieren perdre 49

(f) bedeutet feminin (weiblich)
(m) bedeutet maskulin (männlich)

Laut-schrift-zeichen	Französische Beispielwörter	Wie wird das ausgesprochen?
	Vokale	
a	b**a**lle [bal], n**oi**x [nwa]	ein helles **a** wie in B**a**ll oder W**a**sser
ɑ	p**â**te [pat], **â**me [am]	dieser **a**-Laut ist etwas dunkler und länger als das **a**, eher wie **ah** in B**ah**n oder **a** in Kr**a**m
ã	d**an**s [dã], l**am**pe [lãp], **en**trer [ãtʀe], tr**em**bler [tʀãble]	ein durch die Nase gesprochenes **a**
e	l**é**ger [leʒe], d**e**ssin [desɛ̃]	ein geschlossenes **e** wie in w**e**deln oder S**ee**, nur nicht ganz so lang
ɛ	s**e**c [sɛk], m**è**re [mɛʀ], t**ê**te [tɛt], l**ai**t [lɛ], n**ei**ge [nɛʒ]	ein offenes **e**, wie in W**e**lt, **E**rbse oder wie **ä** in h**ä**tte
ɛ̃	v**in** [vɛ̃], **im**pair [ɛ̃pɛʀ], pl**ain**te [plɛ̃t], f**aim** [fɛ̃]	ein offenes, durch die Nase gesprochenes **e**
ə	qu**e** [kə], autr**e**fois [otʀəfwa], petit [p(ə)ti], sabr**e** [sabʀ(ə)]	ein *sehr kurzes* **ö**, ähnlich wie **e** am Wortende, z. B. in bitt**e**, Rab**e** – es ist oft kaum noch zu hören
i	**i**c**i** [isi], v**i**vre [vivʀ(ə)]	wie **i** in n**ie** oder in M**i**ne, nur nicht ganz so lang
o	p**o**t [po], r**o**se [ʀoz], d**ô**me [dom], t**au**pe [top]	ein geschlossenes **o** wie in B**oo**t oder R**oh**r, nur nicht ganz so lang
ɔ	s**o**rt [sɔʀ], p**o**che [pɔʃ], L**au**re [lɔʀ]	ein offenes **o** wie in M**o**rd oder G**o**ng
õ	m**on** [mõ], r**on**d [ʀõ], c**om**pte [kõt]	ein durch die Nase gesprochenes **o**
ø	p**eu** [pø], n**œu**d [nø], y**eu**x [jø], Eur**o**pe [ʃʀɔp]	ein geschlossenes **ö** wie in b**ö**se oder h**ö**ren, nicht ganz so lang
œ	s**eu**l [sœl], h**eu**re [œʀ], c**œu**r [kœʀ]	ein offenes **ö**, etwa wie in H**ö**lle, M**ö**rder
œ̃	l**un**di [lœ̃di], parf**um** [paʀfœ̃], *oft auch*: [lɛ̃di], [paʀfɛ̃]	ein durch die Nase gesprochenes **ö**, oft auch wie ɛ̃ gesprochen
u	s**ou**lier [sulje], am**our** [amuʀ]	ein geschlossenes **u** wie in M**u**t oder wie **uh** in K**uh**
y	s**u**d [syd], m**û**re [myʀ]	ein geschlossenes **ü** wie in m**ü**de
	Halbvokale	
j	ab**ei**lle [abej], b**i**en [bjɛ̃], **y**eux [jø], pa**y**er [peje]	wie deutsches **j** in **j**etzt oder wie **i** in E**i**er oder Ha**i**
w	**ou**i [wi], tr**oi**s [tʀwa], v**o**yez [vwaje]	ein kurzes, *gleitendes* **u**, immer vor anderen Vokalen
ɥ	n**ui**t [nɥi], n**ua**ge [nɥaʒ], l**ui**re [lɥiʀ]	ein kurzes, *gleitendes* **ü**, immer vor anderen Vokalen
	Konsonanten	
p	**p**ont [põ], a**pp**orter [apɔʀte]	**p**, aber etwas weicher, fast wie deutsch **b**
t	**t**irer [tiʀe], na**tt**e [nat], **th**é [te]	**t**, aber etwas weicher, fast wie deutsch **d**
k	**c**ou [ku], na**c**re [nakʀ], **qu**oi [kwa], **k**aya**k** [kajak]	**k**, aber etwas weicher, fast wie deutsch **g**
b	**b**ain [bɛ̃], a**bb**é [abe]	weicher **b**-Laut wie in ge**b**en
d	**d**ans [dã], mon**d**e [mõd]	weicher **d**-Laut wie in mü**d**e
g	**g**arant [gaʀã], ra**g**oût [ʀagu], **gu**eule [gœl]	weicher **g**-Laut wie in flie**g**en

Erklärung der Lautschrift

Laut-schrift-zeichen	Französische Beispielwörter	Wie wird das ausgesprochen?
f	neuf [nœf], photo [foto]	wie deutsches f
v	vent [vã], rive [ʀiv]	wie deutsches w
s	son [sõ], tasse [tas], ces [se], glaçon [glasõ], nation [nasjõ]	s-Laut wie in Wasser oder Mast
ʃ	chou [ʃu], mâcher [maʃe]	wie sch in Scholle, Fisch
z	rose [ʀoz], zéro [zeʀo]	stimmhaftes s wie in Sonne
ʒ	jaune [ʒon], majeur [maʒœʀ], ranger [ʀaʒe], gilet [ʒile]	stimmhafter sch-Laut wie g in Genie oder Etage
l	long [lõ], aller [ale]	wie deutsches l
m	mère [mɛʀ], comment [kɔmã],	wie deutsches m
n	nez [ne], année [ane],	wie deutsches n
ɲ	gagner [gaɲe], vigne [viɲ],	nj-Laut wie in Kampagne
ŋ	camping [kãpiŋ]	wie deutsch -ng in Ding
ʀ	rouge [ʀuʒ], mordre [mɔʀdʀ],	wie deutsches, im Rachen gesprochenes r, *kein* gerolltes r !